2017年度国家社会科学基金项目"西南民族地区贫困户'脱贫摘帽'后可持续生计实现机制创新研究（项目批准号：17CJL033）"成果

马文武 著

西南民族地区贫困户『脱贫摘帽』后可持续生计实现机制研究

Xinan Minzu Diqu Pinkunhu『Tuopin Zhaimao』Hou Kechixu Shengji Shixian Jizhi Yanjiu

西南财经大学出版社

中国·成都

图书在版编目(CIP)数据

西南民族地区贫困户"脱贫摘帽"后可持续生计实现机制研究/马文武
著.—成都:西南财经大学出版社,2023.8
ISBN 978-7-5504-5876-5

Ⅰ.①西… Ⅱ.①马… Ⅲ.①民族地区—扶贫—研究—西南地区
Ⅳ.①F127.7

中国国家版本馆 CIP 数据核字(2023)第 136144 号

西南民族地区贫困户"脱贫摘帽"后可持续生计实现机制研究

马文武　著

策划编辑:陈何真璐
责任编辑:张　岚
责任校对:廖　韧
封面设计:墨创文化
责任印制:朱曼丽

出版发行	西南财经大学出版社(四川省成都市光华村街 55 号)
网　　址	http://cbs.swufe.edu.cn
电子邮件	bookcj@ swufe.edu.cn
邮政编码	610074
电　　话	028-87353785
照　　排	四川胜翔数码印务设计有限公司
印　　刷	四川五洲彩印有限责任公司
成品尺寸	170mm×240mm
印　　张	12.5
字　　数	222 千字
版　　次	2023 年 8 月第 1 版
印　　次	2023 年 8 月第 1 次印刷
书　　号	ISBN 978-7-5504-5876-5
定　　价	78.00 元

前　言

　　消除贫困、改善民生、逐步实现共同富裕，是社会主义的本质要求，是我们党的重要使命。2015 年 11 月 23 日，中共中央政治局审议通过的《中共中央 国务院关于打赢脱贫攻坚战的决定》指出，打赢脱贫攻坚战的总体目标是："到 2020 年，稳定实现农村贫困人口不愁吃、不愁穿，义务教育、基本医疗和住房安全有保障。实现贫困地区农民人均可支配收入增长幅度高于全国平均水平，基本公共服务主要领域指标接近全国平均水平。确保我国现行标准下农村贫困人口实现脱贫，贫困县全部摘帽，解决区域性整体贫困。"[1]中国人民在以习近平同志为核心的党中央领导下，通过艰苦卓绝的奋斗，实现了"现行标准下 9 899 万农村贫困人口全部脱贫，832 个贫困县全部摘帽，12.8 万个贫困村全部出列，区域性整体贫困得到解决，完成了消除绝对贫困的艰巨任务"[2]。这是人类社会历史上的宏大壮举，也是中华民族伟大复兴征程中惊天动地的大事。

　　脱贫摘帽不是终点，而是新生活、新奋斗的起点。打赢脱贫攻坚战、全面建成小康社会后，我们要切实做好巩固拓展脱贫攻坚成果同乡村振兴有效衔接的各项工作，让脱贫的基础更加稳固、成效更可持续。西南民族地区作为全国脱贫攻坚的主战场，在全面建成小康社会后，也面临着进一步巩固脱贫基础的重要任务。因此，西南民族地区在贫困户"脱贫摘帽"后，要重点促进脱贫户生计可持续、防止返贫。

　　经济学、社会学、民族学等各领域专家学者积极投身于西南民族地区脱贫后巩固脱贫成果、防止返贫的研究。由于这一研究意义重大，本书以西南民族地区脱贫户为研究对象，以西南民族地区脱贫户生计能力的评估为重点，以构建脱贫户可持续生计实现机制为目标，以贫困户、脱贫户、非贫困户 2019 年的截面调查数据为基础，进行了深入的研究。

　　本书宏观上的分析框架是：以可持续生计理论为基础，阐释如何跳出贫困、实现生计可持续。在此基础之上，围绕西南民族地区可持续生计实现机制这个中心展开研究。

机制构建的历史依据——回顾针对可持续生计能力提升的国家反贫困瞄准机制的演变历程、民族地区实现可持续生计的国家政策，梳理我国促进民族地区经济社会发展和民族地区反贫困的历史过程，以阐明实现可持续生计的历史基础。

机制构建的现实依据——描述西南民族地区构建可持续生计实现机制的现状，评估西南民族地区脱贫户可持续生计能力的现状，重点从调研数据来研判可持续生计的现状。

机制构建与制度保障——研究西南民族地区脱贫户可持续生计实现机制及其制度保障，重点在把握历史与现实的基础上研究如何构建促进西南民族地区脱贫户可持续生计能力不断提升的机制和制度。

从整体来看，理论基础（为什么）→历史基础（从哪里来）→现实基础（现在怎么样）→机制构建（未来怎么办）。这是本书的一个宏观逻辑线索。

本书研究的重点是西南民族地区脱贫户可持续生计实现机制。生计能力是一个由多重因素综合反映的客观变量，它直接关系到脱贫户脱贫的稳定性。在众多因素中到底选择哪些因素作为这一变量的主要自变量，是研究生计能力首先要解决的问题。本书采用可持续生计资本理论，将主要自变量锁定在五个重要的生计资本上，即自然资本、物质资本、人力资本、社会资本、金融资本[3]；通过对五个资本的调查、测度、量化指标构建，来实现对生计能力的研究。本书在研究脱贫户生计能力时重在研究脱贫户脱贫前后的生计能力变化情况，以及他们与非贫困户存在怎样的差距。在截面数据之下，如何反映脱贫户脱贫前后的生计能力？对这一问题，我们在调查时做了充分准备，采用"工具变量"思想，在数据调查中调查了未脱贫户样本，也就是在2019年仍然处于贫困状态、没有达到脱贫标准的农户。这类样本在很多特征上与脱贫户脱贫之前相似，可以作为脱贫户脱贫之前的替代样本，从而定量比较脱贫户脱贫前后生计能力的变化。定量评估之后，重点是针对性地开展西南民族地区脱贫户生计实现机制研究。

西南民族地区如何构建一个促进脱贫户生计可持续的实现机制是研究难点之一。这一机制要反映地域特色、群体特征、生计能力状况、经济社会发展水平，针对性要强、操作性要高、深度性要够，对研究能力提出了很高要求。如何开展西南民族地区入户调查研究是难点之二。西南民族地区地理位置偏僻，地形地貌复杂，自然灾害频发，交通不便，调研成本高，在课题经费和人手有限的情况下，确保研究所需数据的量和质，是整个课题研究从一开始就需要克服的难题。

本书主要的贡献有：

（1）深入调查，掌握了翔实的数据，形成了一个可以多次使用的数据库。在既有约束条件下，为了最大化获得西南民族地区脱贫攻坚中的各级数据，特别是关于农户的微观数据，我们与研究西南民族地区贫困相似的国家课题组进行联合调查，形成了包含 2 000 多个个体的微观数据库和不同层面的文字材料。

（2）全面分析了西南民族地区农户生计资本状况。本书利用调查的翔实数据，运用描述性统计分析，比较系统全面地反映了西南民族地区农户的生计资本状况，为审视西南民族地区农户的可持续生计能力提供了一个重要场景。

（3）构建指标体系，定量评估分析了脱贫户生计能力。本书利用调查数据构建指标体系，运用计量方法对西南民族地区脱贫户生计能力状况到底发生了怎样的变化进行了定量化的测度分析。

（4）构建了西南民族地区脱贫户可持续生计实现机制。本书依据理论、历史与现实，在设计的一个基本框架逻辑下构建了西南民族地区脱贫户可持续生计实现机制。

本书的不足之处有：

（1）虽然共调查了 2 000 多个个体样本，但由于重点研究脱贫户，所以主要样本是脱贫户，非贫困户和未脱贫户的样本相对较少，以非贫困户和未脱贫户作为脱贫户脱贫前后变化的参照系，得出的脱贫户脱贫前后可持续生计能力变化值的精准性可能会受到影响。

（2）由于收入数据、资本状况是较为敏感的信息，本书获得的数据不一定完全真实，定量测度的结果和分析的结论不一定精准，只能从趋势上反映基本情况。

（3）构建的西南民族地区脱贫户可持续生计的实现机制及其制度保障力图最大化地反映西南民族地区特色，以适应西南民族地区的具体要求。但由于西南民族地区范围广，不同民族之间也有差异，较难聚焦某一特定区域（如四川涉藏地区）进行基于地方民族特色的单一性研究和提炼，以构建适应某一特定区域脱贫户可持续生计的实现机制和制度保障；因此课题构建的脱贫户可持续生计的实现机制及其制度保障在一定程度上具有反映整个西南民族地区的一般性特征。不过好在这些一般性的特征也恰是西南民族地区的重要特征，具有一般性特征的机制和制度对西南民族地区来说也是非常具有适应性的。

同时，本书得出一些重要结论：脱贫户相对未脱贫户可持续生计能力显著提升，也就是说脱贫户脱贫后可持续生计能力明显提高了。这是一个明显的进步，但是可持续生计能力的脱贫户与非贫困户的可持续生计能力还存在显著差距，说明脱贫户虽已脱贫，但稳定性还不是很强，需要一定时间继续巩固提升。该结论对于调整相应政策、制定巩固和拓展脱贫攻坚成果的新政策具有重要参考价值。

笔者

2022 年 5 月

目　录

1 绪论

1.1 研究背景

1.1.1 理论背景

消除贫困一直是我们党的重要民生工作。新中国成立以来，我们党为了改善人民生活水平，领导人民与贫困进行了长期的斗争，对如何有效解决我国农村贫困问题进行了长期不懈的理论和实践探索。特别是改革开放后，我们党抓住发展这个根本点，开创了一条区域开发扶贫的道路，形成了中国特色的区域开发式扶贫理论。区域开发式扶贫理论本质上是通过制定优惠政策和集中资源促进贫困人口集中区域的优先发展，通过贫困人口集中区域快速发展的"涓滴效应"来惠及贫困人口实现减贫[4]。在这一理论指导下，我国扶贫取得巨大成就，为世界减贫事业做出了重大贡献。党的十八大以来，在以习近平同志为核心的党中央领导下，中央将精准扶贫、精准脱贫作为扶贫工作的基本方略。精准扶贫强调精准，突出如何让扶贫资源与贫困户的需求准确对接。在精准扶贫理念指导下，我国脱贫攻坚取得了全面胜利，完成了消除绝对贫困的历史性任务，保障了全面小康社会的建成。脱贫是反贫困实践中的第一步，实现脱贫户生计可持续才是确保贫困户永久摆脱贫困的根本之策。站在新的历史起点上，总结我国扶贫经验，结合新的特点，将区域开发式扶贫和精准扶贫转化成指导巩固拓展脱贫攻坚成果、防止返贫、促进生计可持续新的方法，是农村解决绝对贫困问题后的重要工作。当前学术界围绕这一工作正在进行深入系统的研究。西南民族地区作为我国脱贫攻坚主战场，在巩固拓展脱贫攻坚成果、实现脱贫户生计可持续方面急需理论和方法的指导，迫切需要学术界加强这方面的理论研究。

1.1.2　现实背景

消除绝对贫困是全面建成小康社会的底线任务。为了完成这一任务，我国开展了规模空前的农村脱贫攻坚战役，对农村建档立卡贫困户实行分期、有序"脱贫摘帽"，确保到 2020 年底实现现有贫困标准下贫困人口全部退出。2013年以来，在党中央坚强领导下，全国人民上下同心，打赢了脱贫攻坚战，完成了消除绝对贫困的艰巨任务。随着现行贫困标准下农村贫困问题的解决，我国农村工作重点进入了由脱贫攻坚向巩固拓展脱贫攻坚成果和乡村振兴转移的新阶段。按照国家部署，脱贫攻坚目标任务完成后，对摆脱贫困的地区，从脱贫之日起设立 5 年过渡期，做到扶上马送一程。西南民族地区独特的地理空间、薄弱的社会经济基础、复杂的宗教文化因素等相互交织，致贫机制复杂，导致其形成的贫困户一般具有生计资本不足、生计能力较低、贫困脆弱性高等特点，决定了西南民族地区脱贫攻坚完成后防止返贫任务也十分艰巨。在过渡期内，如何在保持现有主要帮扶政策总体稳定前提下，逐步调整优化各项政策，使得脱贫户在摆脱贫困基础上可持续生计能力不断提高，不发生规模性返贫，并最终走上共同富裕的道路，是当前西南民族地区巩固脱贫攻坚成果的重要任务。根据西南民族地区特点，防止西南民族地区脱贫户返贫，关键在于增强脱贫户可持续生计能力。研究探索建立西南民族地区脱贫户生计可持续实现机制，制定巩固拓展脱贫攻坚成果的有效政策，是西南民族地区脱贫攻坚后的重要实践内容。

1.2　重要概念界定

1.2.1　可持续生计能力

可持续生计又叫生计可持续，是生计的一个目标或水平、状态，这是本书的一个重要概念。鉴于第 2 章会对可持续生计能力进行专门介绍，这里不做赘述。

1.2.2　建档立卡贫困户

建档立卡贫困户是精准扶贫过程中一个重要主体。它是指以 2013 年人均收入 2 300 元不变价格为贫困线标准，综合家庭住房、医疗、教育、健康保障情况，精准识别出来的需要通过国家和社会精准帮扶实现精准退出的社会群体。在精准扶贫过程中，对贫困户的识别和管理有一套严格和规范的体系。首先是识别，按照贫困户认定标准，通过村民自评和互评相结合的方式，在村民委员会中通过农户申请、民主评议、公示公告和逐级审核的方式整户识别，这一过程称为精准识别[5]。对精准识别的贫困户，要进行建档立卡，将贫困状况、致贫原因、帮扶需求、帮扶主体、帮扶措施等信息全部填入建档立卡信息系统，由全国扶贫信息网络系统统一管理[6]。同时还要对其实施动态管理：对于达到退出贫困标准的，按照程序进行退出；对于因故陷入困境、符合建档立卡条件的，动态纳入贫困帮扶序列，进行建档立卡。对于建档立卡贫困户，各地区要通过明确的帮扶政策、时间路线使其分批退出。建档立卡以来，全国共识别出 9 899 万农村贫困人口，这是整个精准扶贫过程中需要精准帮扶的建档立卡贫困户。

1.2.3 脱贫户

脱贫户是指在精准扶贫过程中，在政府、社会、各帮扶单位的帮扶之下，经过自身努力，达到了国家规定的贫困退出标准，然后经过一定程序退出的贫困户。贫困人口退出以户为单位，主要衡量标准是"一超""两不愁""三保障"。"一超"指脱贫人口家庭年人均纯收入稳定超过国家扶贫标准；"两不愁"指脱贫人口吃饭和穿衣有保障，能够稳定实现不愁吃、不愁穿；"三保障"，指脱贫人口义务教育、基本医疗和住房安全有保障①。贫困户的退出，由村"两委"组织民主评议后提出，经村"两委"和驻村工作队核实、拟退出贫困户认可，在村内公示无异议后公告退出，并在建档立卡贫困人口中销号，建档立卡贫困户此后变为脱贫户。

整个退出的完整程序如下：一是村内民主评议。由村"两委"组织村民代表召开民主评议会，按照年度贫困户退出计划，初步拟定贫困户退出名单。二是村内民主核实。退出名单经村"两委"组织人员核实（驻村工作队和第一书记配合），并得到拟退出贫困户认可。三是村内公示。退出名单经过核实后，在村内公示（公示时间不少于 7 天）；无异议的，报乡（镇）党委政府。四是乡（镇）审核后发布公告。乡（镇）党委政府对贫困户退出标准和程序执行情况进行核查，对符合退出条件的贫困户在行政村内进行公告（公告时

---

① "一超""两不愁""三保证"是国家规定的退出标准，一般各地方会在此基础上把标准细化，增加一些可操作的地方标准。比如四川省在此基础上还增加了"户三有"，指脱贫户家中有安全饮用水、有生活用电、有广播电视。另外在 2015 年第一次脱贫攻坚验收中还提出"四个好"，即"住上好房子、过上好日子、养成好习惯、形成好风气"。

间不少于 7 天），并报县扶贫主管部门备案；对不符合条件或未完整履行退出程序的，退回重新核定。五是县监督检查。县脱贫攻坚领导小组对全县贫困户退出工作进行监督检查，发现问题立整立改。六是信息标注。县扶贫主管部门统一组织，按照时间节点在全国扶贫开发信息系统进行标注。七是接受国家第三方评估验收。对于拟贫困退出，最终要由国家组织第三方评估验收队伍进行严格的验收，确认达到退出标准，符合程序要求，最终予以确认。

1.3 可持续生计理论基础

1.3.1 生计与可持续生计的含义

生计思想在中国源远流长。中国古圣先贤非常关注百姓疾苦，常把处理好民生问题看作安邦定国的重要基石，这里面蕴含丰富的生计知识。"生计"这一汉语词汇有"谋生之道"或"生存之计"的含义。"生计"对应的英文单词（livehoods）有"赚钱谋生的方式或手段"的含义。因此，"生计"的词源学含义已经大大超出了传统的单纯以收入与消费来衡量个人的生存发展水平，这些比"基本需求""生存""福利"等描述贫困状态的词汇更能够表达主体的能动性、动态的过程性。使用"生计"一词来表达抵御风险和反贫困的核心，更有助于把握贫困个体或家庭的整体生存状态，更能够表达贫困现象的复杂性，更有利于反贫困主体采取可行的多样化策略，也能更加有效地在学术研究领域拓展对贫困内涵的理解。近代以来，生计开始作为社会科学领域专门研究的一个特定领域却是很晚的。有文可查罗伯特·钱伯斯（Robert Chambers）在20 世纪 80 年代开始的这方面考察，算是最早对生计的现代系统性研究。从此之后，一些政府和国际机构开始采用"生计"的概念并构建一些理论框架来研究和分析生计问题。钱伯斯（1992）对生计下的定义为"生计是建立在能力（capabilities）、资产（assets）和活动（activities）基础之上的谋生方式"[7]。钱伯斯把能力纳入其中作为生计的一个重要维度对"生计"所做的概念界定被人们广泛接受，其中"资产"是一个含义较广的词汇，包含储备物、资源、要求权和享有权。

什么是可持续生计呢？可持续生计又叫生计可持续，是生计的一个目标或水平、状态。联合国是最早采用"可持续生计"这个概念的机构，并将其作为反贫困的基本目标。1987 年联合国环境与发展大会在日本东京召开，这次大会倡导可持续发展理念，并在解决人类贫困问题上首次提出了"可持续生计"概念，即"具备维持基本生活所必需的充足食品、现金储备量以及流动量"（WCED，1987）[8]。Chambers 和 Conway（1992）[7]在《可持续农村生计：面向 21 世纪的实践概念》中将可持续生计概念的内涵进行进一步拓展。他们吸收了阿玛蒂亚·森等人对于贫困的观点，将能力因素纳入可持续生计的概念之中，超越了之前收入与消费两个维度体现的可持续生计内涵，是可持续生计研究的一个重要发展。随后，能力作为可持续生计的一个重要考察维度，开始被普遍关注。1998 年，斯库尼斯（Scoones）在《可持续农村生计：一个分析框架》中对"可持续生计"概念做了被普遍认可的界定："一个生计维持系统要包括能力、资产以及维持生活所必需的活动。只有当一个生计维持系统能够应对压力和重大打击，并且不仅可以在外部压力与冲击中恢复过来，还可以在现在和未来保持甚至提高其自身的能力和资产，同时又不损坏自然基础，那么这种生计状态就是可持续的。"[9]

什么是可持续生计能力呢？它是指实现生计可持续这种状态具备的能力水平。可持续生计是一个目标，实现这一目标的过程是渐进的，需要不断培育可持续生计能力。在这一过程中，它最早是解决绝对贫困，提高应对绝对贫困问题、跳出绝对贫困陷阱的能力；然后是解决返贫问题，具备稳定脱贫的能力；最后是解决相对贫困，实现由低收入阶层向上流动的可能。所以，提高可持续生计能力伴随反贫困的全过程，并不是一个阶段性的任务。

1.3.2　可持续生计框架

长期的理论研究和实践发展针对可持续生计实现的研究和政策应用形成了一系列可持续生计框架。但在当前，最被普遍接受和认可的是英国国际发展机构（DFID）于 2000 年在结合阿玛蒂亚·森能力理论基础上发展出来的一个可持续生计分析框架。该分析框架基本内容如图 1.1 所示。

这个框架是用来分析发展中国家农村贫困问题的复杂性及农户维持生计活动的。"这个模型可以指导生计策略和单个家庭限制条件的分析……它为发展和贫困研究提供了一个重要问题的核对清单，并概括出这些问题之间的联系；提醒人们把注意力放在关键的影响和过程上；强调影响农户生计的不同因素之间多重性的互动作用"[10]。

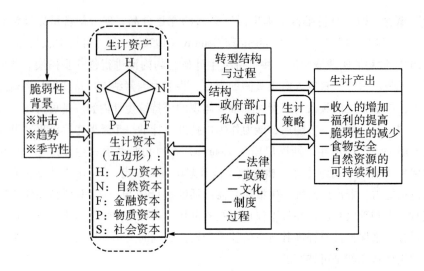

图 1.1　DFID 设计的可持续性生计框架分析示意图

从 DFID 可持续生计框架看，它包含了脆弱性背景（vulnerability context）、生计资产（livelihood assets）、转型结构与过程（transformational institutions and processes）、生计策略（livelihood strategies）以及生计产出（livelihood outcomes）五大要素，且这五大要素之间存在内在的联系。这五大要素的具体含义如下：

（1）脆弱性背景

脆弱性背景这一要素的提出与生计系统应对风险能力相关。Scoones（1998）[9]专门对脆弱性与可持续生计关系进行了经典阐述，认为个体或家庭的生计系统是否具有可持续性，与该生计系统是否具备有效应对脆弱性的能力密切相关。如果一个生计系统具有可持续性，那么它应该能够有较大能力抗击重大生活事件的冲击，能够有效应对来自经济、社会等的趋势性变迁以及生产、就业、市场价格的季节性和周期性波动所导致的各种预期性或非预期性风险[11]58。不具有可持续性的生计系统具有典型的脆弱性特征，其应对各种风险的能力匮乏。因此，生态系统的脆弱性程度及其背景成为可持续分析框架的重要内容。学者们针对农户面临的脆弱性背景区分出了典型的三种风险来源——冲击（shocks）、趋势（trends）、季节性（seasonality），用来指导分析研究对象通常所面临的脆弱性风险及脆弱性程度。这三种风险来源的具体阐释如下：

冲击。个人或家庭的脆弱性风险通常表现为遭受重大生活事件的冲击或没有预料的灾害性打击，进而对生计系统产生重大影响。这种冲击，除了生命过程中大家经常面临的具有普遍性和一般性的事件如身患重病、遭遇重大意外事故等之外，还包括不同个体或家庭所处的自然环境、社会环境引致的具有特殊性的自然灾害、社会领域风险，如泥石流导致的房屋倒塌、冰灾雪灾导致的农作物和牲畜的损害、市场剧烈波动导致的农产品价格大幅下降、经济环境发生的剧烈变化导致的下岗失业等。可以看出，除了突发的疾病、人身意外等伤害事故外，还有自然灾害、经济社会结构的趋势性变化或周期性变化等因素的冲击，都是脆弱性背景分析的重要内容。

趋势。这指的是趋势性变化。经济、政治、社会、就业市场、人口结构等重大宏观结构发生的显著性趋势变化，一般会直接或间接地影响生计系统。特别是在全球化时代背景下，世界性的系统性风险会通过各种传导机制影响到国内每一个个体。比如 2008 年的国际金融危机，通过外贸影响到国内大量的农民工的就业。2020 年的新型冠状病毒大流行，使全球经济深度衰退，最终影响到就业和收入，冲击到人们的生计。如果不能对宏观经济结构的趋势性变化及其影响做出合理的解释，并未雨绸缪，做出前瞻性应对，可持续生计系统将会受到重大影响。

季节性，或周期性变化。季节性或周期性变化是影响生计系统的重要维度。在传统的农业社会中，这种季节性变化对生计的影响是举足轻重的。比如有些季节会出现粮食断绝、青黄不接，人们的生活就会陷入绝境。在市场经济比较发达的现代社会中，因经济周期性调整造成的失业，因季节性变化造成的产品价格波动，均会对个人或家庭的收入、消费支出产生重大影响。因此季节性或周期性变化也是生计系统的脆弱性背景因素之一。

（2）生计资产

生计资产又称生计资本，它是家庭或个人的基础性资源，是采用生计策略、抵抗脆弱性风险、维持生计可持续的基础变量，是家庭或个体贫困程度或者脆弱性程度的基本衡量指标，是可持续生计分析框架的核心内容。在传统的可持续生计分析框架中，生计资产包括五种相互影响的资产类型：人力资本、自然资本、物质资本、金融资本、社会资本。对这五种资本的考察是从一种多维整合性视角来分析当前人类面对的复杂的贫困问题。对这些资本的理论介绍将在本节 1.3.3 中做专门呈现，这里不再赘述。

（3）转型结构与过程

在可持续生计框架中，转型结构与过程通常是指影响农户生计的制度、组织、政策和立法的外部环境，其重要性不可低估[12]20。这些从整体上对个人或家庭生计策略的可行性选择及其产出的可能性具有宏观促进或限制性作用。在这一框架中，政府部门的福利思想和政策实践、税收制度、市场环境等是转型结构与过程要素中需要重点分析的内容。其中的政策，有国家的政策，比如就业支持政策、教育扶持政策、农业补贴政策等；有各级层次政府的政策，比如基础设施投入政策、产业发展扶持政策；也有非政府组织的政策，比如慈善机构的援助政策；还有国际机构的政策，比如世界银行的反贫困政策等。涉及的机构，包括执行机构、立法机构、司法机构、民间组织、社团、事业单位、商业企业、公司等。

（4）生计策略

生计策略的主要目标是使个人或家庭在行为决策选择、机会利用、经济经营等方面实现多样化。生计策略是指个人或家庭实际拥有或可能拥有的谋生之道，是为了维持生计主动运用生计资本进一步创造或拓展生计资本的活动。生计策略通过对资本利用的配置和经营活动组合的选择实现生计目标。这些策略具体包括生产活动、投资策略、生育安排等。

（5）生计产出

生计产出是指生计策略或目标的实现或结果，这是衡量和评估生计维持系统具有可持续性以及生计策略成败的根本指标。这概念可以使我们作为第三方，去调查、观察、研究而不是很快地就对贫困户所寻求的生计成果或目标做出草率的判断或结论。DFID可持续生计框架标识出了五类生计成果：一是收入的增加，二是福利的提高，三是脆弱性的减少，四是食物安全，五是自然资源的可持续利用。这些生计产出不仅可以衡量生计策略的有效性，还可以衡量和评估生计维持系统是否具有可持续性，也可以用于事前评估家庭生计系统的脆弱性程度，分析面临的突出困境，找出一些政策着力点。

1.3.3 可持续生计资本

由可持续生计框架可知，可持续生计资本可以归纳为五种，且可持续生计能力是建立在这些生计资本基础上的。从生计资本视角审视贫困，其形成的原因可以解释为生计资本的缺乏。由此导致的生存和发展能力不足，使人陷入贫困状态。从资本视角解释贫困的发生，是因为不管是个人的生存发展，还是家庭的持续存在，都需要消费，而消费的任何东西都需要去创造或获得。但是正如企业生产一样，任何东西的生产首先都需要厂房、机器等设备，以及其他生产资料的参与，而这些东西首先是需要企业家垫付，而且生产的正常发生对这些投入的东西也是有最低门槛要求的，因此才有了资本家为了扩大生产的资本积累。对于个人或家庭也是一样，要创造和获得生存和发展所需，就必须通过个人自身所拥有的资本作为基础去创造，才能不断满足生存发展所需。而一旦当个人或家庭具有的创造或获得生存发展所需的基础资本不足、没有达到最低门槛值时，就会出现个人或家庭不能生产或者获得生存发展所需，或者只在低水平上维持生存发展所需的生产，导致长期贫困而不能跳出贫困陷阱。因此，所有反贫困的最终措施都会集中在增加贫困户的生计资本上。

从人类生存发展史看，维持个人和家庭生存发展的生计资本主要有自然资本、物质资本、人力资本、社会资本、金融资本，个人和家庭都是在这些资本的组合作用下不断创造和实现自己所需。

（1）自然资本

地理环境是人类生存不可或缺的，它为人类经济社会发展提供了所需要素的先天禀赋。从自然环境中产生的有利于人类生计发展和服务于人类生产生活的自然资源、生态环境就是自然资本。自然资本不仅包括为人类所利用的自然资源，如水、矿物、木材等，还包括森林、草原、沼泽等生态系统及多样的生物。因此，根据自然资本具有的功能，可将其大致分为两大类：一类是有形的自然资源，另一类是无形的生态服务。自然资源对于人类经济社会发展的重要性已不言而喻，而无形的生态服务具有的重要意义现在也逐渐被认识并越来越被高度重视。比如生态环境具有的涵养水源、保持水土、调节气候、促进水循环、减轻自然灾害等功能已愈来愈显示出具有明显经济价值。自然资本理论认为：只有保持自然资本的持续供给才能维持经济社会可持续发展，耗尽自然资本存量将导致生态系统崩溃；自然资本本身需要人类有意识地保护与维持，才能持续地提供生态服务。尽管学术界对自然资本的内涵、类型、经济价值等方面开展了大量研究，但是自然资本研究从理论走向管理实践还面临着多个亟待解决的难题：如何定量表征自然资本的生态服务功能？如何权衡自然资本的多种服务功能、协调区域经济发展与自然资本保护的关系？如何将自然资本定量评估与自然资本管理政策结合起来，保障生态服务的持续供给？可以确定的是，自然资本理论为地质环境调查工作树立了前进的目标：增加自然资本存量或保持其稳定。

目前越来越多的研究表明，自然资本的禀赋效应对于地区经济发展和家庭个人收入增长、生计可持续具有重要作用。在经济发展的历史过程中，出现了许多以自然资源为依托而发展起来的城市，如世界上著名的依靠煤炭资源发展起来的城市有英国伯明翰、俄罗斯库兹巴斯、美国皮兹堡，依靠金矿发展起来的南非约翰内斯堡；在中国也形成了一批靠自然资源发展起来的城市，如依靠铁矿发展起来的鞍山、包头、攀枝花，依靠石油而兴起的大庆、玉门，依靠煤炭发展起来的大同、鹤岗、抚顺、淮南等城市。这些自然资源作为这些城市经济发展的先天禀赋而存在，而这些城市在经济早期发展过程中具有先天优势。也出现了许多依靠优越的地理位置而繁荣兴盛的城市。比如依靠海港的航运便利条件而发展起来的港口城市，由于具有较为便捷的航运交通，可以为经济发展节约很多运输成本，成为很多资本和企业青睐之地。改革开放以来，我国东部沿海城市就凭借沿海、沿港的地理优势率先发展起来，使一部分人先富起来；而地理位置闭塞、交通信息不畅、自然环境恶劣的地方，表现出先天的自然资本禀赋劣势，往往成为贫困集中发生之地，如我国人口较少民族聚集地往往具有这种特征。随着自然资本生态服务功能的不断显现，自然资本的生态价值与经济价值的转换关系也在经济发展中被强化。"绿水青山就是金山银山，改善环境就是发展生产力"[13]，这种认识逐渐获得广泛认可。让自然资本的生态服务功能和价值充分发挥，也是彰显自然资本在促进生计可持续中的作用。

（2）物质资本

物质资本（physical capital）是指在人们生产经营过程中以实物形态投入的能带来价值增值的资本，它包括人类在交易中使用的货币和经劳动制造出来的中间产品，表现为存在于机器、设备和厂房等形式（劳动资料）或原料、燃料以及辅料等形式（劳动对象）上的资本[14]；也包括生产要素如土地（含其他自然资源）和劳动等。物质资本是最基础的资本，也是资本最初形态及内容中最重要的组成部分，它在生产力水平和科技水平不高的长期历史中，对人类社会财富的增长发挥着重要的作用。人类在较长一段时间里，都通过追加物质资本的投入实现经济增长、收入增加、物质生活需要满足。这在人类社会发展的过程中已被历史事实及其经验所证实。如传统农业国家在演进的漫长阶段，亦是通过不断的物质资本投入为经济发展打下坚实的基础，从而摆脱自然性的赤贫状态的。在长期的农业社会中，通过不断开垦荒地、采用新的农业耕种技术、加大牲畜在农业生产中的投入、修筑水渠等方式来实现农业产量的增加，使人们获得物质保障。又如在传统社会向现代社会转变的早期阶段，即在工业化过程的初期阶段，加大对煤、石油、钢铁、木材等生产领域的物质资本的投入，为工业化打下物质基础，为一些国家创造出了经济起飞的条件。

人类早期对贫困的认识就主要是从物质资本层面着手，从宏观层面立足于经济增长以促进收入水平提高来应对贫困问题。这种从物质层面将贫困认知为"收入贫困"的观点一度在学界收获了共识，并且抓住了贫困识别的基本硬核——低收入（以一定的货币额来度量），且奠定了以货币为衡量工具的贫困线标准基础。同时，在人类发展历程中，物质资本的积累对于经济的发展以及贫困人口脱贫具有一以贯之的基础性作用。一般情况是，在经济发展到足以解决大部分人基本生活需要之后，才有可能考虑还处于基本生存水平之下的贫困人口生活处境的改善；在经济发展到整个社会财富比较丰裕时，才有可能考虑通过加大对低收入贫困人口的物质资本的投入以帮助其持续获得收入从而摆脱贫困。因此，物质资本扶贫在人类反贫困的长期过程中是决策者最为青睐、使用频率最高、产生效果最快的一种扶贫方式，也是贫困群体最乐意接受的一种救济资源。

然而在长期的物质资本扶贫过程中，人类的贫困问题并没有得到很好的解决，在某些方面，反贫困任务还变得更加艰巨。这表现为收入冲击导致的贫困的脆弱性普遍存在，经济高速增长导致收入不平等并引起的贫困深化，以及贫困群体缺乏摆脱持久贫困的能力问题等。这使得我们不得不从理论上反思物质资本扶贫所具有的缺陷：收入贫困虽然从物质生存需要层面揭示了贫困的发生机理，但这却是一种浮于表面的方法，仅关注生存的需要或工作效率的需要，集中于贫困的生存的表象而忽视了贫困内在所包含的发展、赋权、能力、人格尊严、知识文化、社会地位丧失（缺失）等更为深刻的内涵，所以也就不能完全解决现代人类社会面临的贫困问题。

（3）人力资本

物质资本的反贫困通常强调的是借助一个国家和地区的经济增长，帮助贫困者进行资产积累和投资，从而达到增加其收入、实现脱贫的目的。实践证明，通过经济增长消除贫困的反贫困战略主要是针对绝对贫困人口的减少，在减少贫困率方面效果明显，但是对于贫困深度的缓解效果则不一定相同，因为经济发展的成果只有较为均等地在贫困者之间进行分配才能防止贫困深度不至于加深，它没法解决个体能力差异导致的贫困人口分享经济发展的物质资本状况不均等，收入不平等状况会不断恶化，进而出现贫困程度的深化。20世纪60年代以来，市场经济的高效率性逐渐形成共识，在市场经济条件下，市场机制决定资源配置十分强调个人收入与其在创造财富的贡献大小相联系，其中就包含充分发挥个人才能以创造财富，那么个人能力不足导致的贫困就将不断显化。面对如此情况，越来越多的研究将注意力聚焦在贫困者自身的能力状况上，而这一时期盛行的人力资本理论给研究者提供了重要启示和研究的理论工具，贫困研究逐渐转向人力资本范式，从人力资本状况的角度分析贫困问题。正如人力资本理论的重要贡献者、美国芝加哥大学著名经济学家、1979年诺贝尔经济学奖获得者西奥多·舒尔茨所指出的那样：贫困国家的经济之所以落后，其根本原因不在于物质资本的短缺，而在于人力资本的匮乏和自身对人力资本的过分轻视[15]16。也就是说在创造物质财富的生产力水平较高的条件下，贫困往往与贫困者获取收入的能力息息相关。而此时仅仅通过物质资本的投入，不管是促进一地区经济的发展，还是给予贫困者直接的物质补贴，对于获取收入能力不足的贫困者来说都无济于事。其结果要么是因能力匮乏不能分享经济发展成果，要么是单凭"输血"式扶贫仅能短期解决问题，而"造血"功能缺失最终还会出现"贫血"现象，贫困者会陷入脱贫—返贫的循环怪圈。而人力资本理论告诉我们，通过加强贫困群体自身的人力资本积累，可以增强其可持续生计的能力，尤其是可以提高他们生产增收的能力和在劳动力市场创业、就业的竞争力，从而有效缓解贫困，最终使贫困群体彻底走出贫困的阴影。

从研究的文献来看，西奥多·舒尔茨在 1960 年美国经济学年会上所做的《论人力资本的投资》的演讲，一般被认为是现代人力资本理论诞生的标志[15]。他研究了人力资本形成的方式与途径，并对教育投资的收益率和教育对经济增长的贡献做了定量研究。1979 年 12 月 8 日西奥多·舒尔茨在诺贝尔奖获得者的颁奖仪式上发表的《穷人经济学》演讲阐述了人力资本投资对改变从事农业生产的低收入国家有着重大作用，这被看作研究人力资本投资对减贫影响的经典文献[16]。美国芝加哥学派的主要代表、1992 年诺贝尔经济学奖得主加里·斯坦利·贝克尔教授也是人力资本理论的主要贡献者，他注重人力资本家庭投资及收益的微观分析，弥补了舒尔茨只做宏观研究的不足，注重将人力资本理论与收入分配结合起来，其《人力资本——特别是关于教育的理论与经验分析》一书被西方学界认为是"经济思想中人力资本投资革命的起点"[17]。应该说，贝克尔将人力资本研究的框架扩展到家庭经济分析中，完善了人力资本系统的理论框架。另外，美国哥伦比亚大学经济学教授雅各布·明赛尔在人力资本研究方面也做出了突出贡献，他建立了人力资本投资的收益率模型，最先提出了人力资本挣得函数，将人力资本理论与分析方法应用于劳动力市场行为和家庭决策[18]。随着人力资本研究的不断深入，其分析范式已经越来越成为收入差距和贫困问题研究的常规范式之一，并广泛地应用于教育扶贫、就业培训、卫生健康等政府反贫困政策制定和实施的理论指导。如我国国务院扶贫开发领导小组办公室（简称"扶贫办"）在 2004 年发布了《加强贫困地区转移劳动力培训》的文件，从此贫困地区人员的劳动力培训项目正式展开。到 2005 年中期，扶贫办在全国各地建立了 32 个示范培训基地，来自中西部的 14 个省自治区、直辖市的数据显示，到 2005 年，已经建立了 1 500 多个转移劳动力培训基地[19]。同时，农业部、科技部、人力资源和社会保障部、住房和城乡建设部也针对农村转移劳动力（其中大多属于低收入阶层）组织了各种培训项目。可见，从人力资本理论角度对贫困的解读已经触及更深层次的"人文贫困""能力贫困"问题。

（4）社会资本

我国正处于一个日益开放和流动的社会，其中贫困群体所表现出的封闭性、边缘化和歧视性倾向能够用社会资本理论很好地加以解释和提供相应政策建议。

社会资本理论是近30年来发展最为迅速的社会科学之一，同时被广泛地运用到经济学、社会学、政治学、人类学、文化学等各学科的理论与实证研究中。从基本概念来看，法国社会学家皮埃尔·布尔迪厄于1980年用英文发表《社会资本随笔》一文正式提出"社会资本"概念[20]，最早引起学术界关注；后来美国芝加哥大学社会学教授詹姆斯·科尔曼对社会资本理论进行了系统阐述，其代表作是在《美国社会杂志》上发表的题为"社会资本在人力资本创造中的作用"的经典论文和1990年出版的《社会理论的基础》一书。在詹姆斯·科尔曼的学术影响下，社会资本理论很快成为西方社会科学分析当代包括贫困在内的诸多社会问题的重要理论工具，但这时该理论主要还是在社会学领域盛行。社会资本理论开始向经济学领域延伸并受到经济学家欢迎是在社会学家、政治学家罗伯特·普特南（Robert Putnam, 1993）的研究影响下。罗伯特·普特南将社会资本理论用于区域经济发展差异比较，解释为什么意大利北部和南部经济发展存在差异，之后社会资本理论开始在经济学研究领域被应用[21]。而后世界银行用社会资本理论对经济发展进行的一系列研究，使得社会资本理论在经济学研究领域盛行开来。正如美国政治学家、公共管理家、2009年诺贝尔经济学得主E.奥斯特罗姆在《社会资本的基础》一书中所言："很少有一个科学概念像社会资本一样，在如此短的时间内引起如此广泛的关注并且集聚了如此众多的追随者。"[22]

社会资本理论虽然在经济学研究领域盛行，但是作为理论工具用于对贫困问题的研究在当时看来还是一种新的尝试。大量的文献研究表明，社会资本是减少贫困的另一种有力武器。正如美国社会学家武考克认为，一个地区或国家如果拥有较多社会资本即较为紧密的社会网络和公民联系，也就在面临贫困和经济脆弱时处于更有利的地位[23]。近年来这种观点逐渐被一些国际机构所接受，并应用到其工作方案或政策制定之中。如世界银行发表的《2000/2001年世界发展报告——与贫困做斗争》一书，明确提出发展中国家反贫困的重要方案之一，就是不断帮助穷人积累社会资本[24]。这些表明社会资本理论及其方法已经应用到反贫困行动与政策实施的进程中来了。

虽然学术界对社会资本研究较多，但是至今对其还没有一个权威统一的标准概念。不同学科背景的研究者分别从社会组织、网络关系、价值观念、行为规范、互惠信任以及合作行动等各个方面对其进行了界定。我们结合社会资本的宏微观分层，将其定义表述为：社会资本是以资本形态嵌入制度化关系化网络，并能通过投资积累为网络中的行动者带来收益或便利的社会资源。在这里，社会资本有如下几层含义：首先社会资本是一种资本，具有资本属性，在这一点上它与物质资本、人力资本无异，同时它是人们可以直接感觉到的"无形"资产；其次，社会资本存在的载体是社会关系网络，而且这种社会关系网络不是一般意义上的关系网，而是"制度化的关系网络"；再次，当社会资本作为制度化的网络在互动过程中以组织、信任、合作、参与、共享、互惠等资源形式存在时，就能够通过对其积累和投资为网络中的行动者带来收益和便利，于是它具有了资本的功能；最后，社会资本这种"嵌入型"投资性、增值性的核心内涵对社会资本的宏观分层或微观分层研究都是适用的。

（5）金融资本

为了满足市场不同主体对资本的需求，将社会各种闲散资本聚集起来发挥作用，现代金融市场也不断创新发展，使市场主体投融资途径越来越多、方式越来越灵活，也使人们有了更多收入渠道。人们获得收入不再局限于从事具体的物质资料生产或服务性工作，还可以通过将各种形式的资产转化为金融市场可以接受的资本，形成金融资本，在金融市场上运作以获取收益。因此，金融资本是在金融市场上形成、能够给投资者带来收益的各种资产总称，如债券、股票等各种有价证券，银行存款、理财产品等债权，以及各种保险产品。但同时也要看到，金融资本获得收益始终受高收益高风险规律影响，其获取与个人对金融市场的把握能力有很大关系。所以，金融资本在能给人们带来收益的同时，也带来了资产损失的风险。但总的来说，人们可以根据自身对风险的承受能力大小，选择自己能够承受的风险来运作金融资本，就这一点来说，毫无疑问地增加了人们的收入来源。

在现代社会，金融资本可以从两个方面增加收益，带来减贫效应。一是从资本获得角度帮助贫困户积累所需资本。由于贫困户往往是资本缺乏者，难以通过自身积累资本，使资本达到某些收益的最低门槛值，因此可以通过金融市场获得金融资本，如以向银行金融机构贷款的间接融资、向个人筹款的直接融资等方式增加自身创造收益的基础资本，实现对某些收益的获得。但现实社会往往存在金融抑制，特别是对于低收入群体，由于其潜在收入增长可能性不被看好，金融贷款部门和个人一般不愿意通过金融市场放款给他们，低收入群体很难获得金融市场的金融资本。二是从资本收益角度增加贫困户的家庭收入。贫困户一般收益渠道匮乏，金融市场让金融资本有了获利机会，贫困户如能将自己暂时闲置的资产转化为金融资本，获取金融资本的收益，将会增加贫困户总收入。

贫困户金融资本的匮乏，金融市场知识的欠缺，未来收入的不确定性，使得他们既难以通过金融市场积累金融资本，使金融资本再转化为创造生存发展所需的基础资本，也难以使他们现有的资产转化为金融资本获取收益。特别是在现代经济社会，金融市场日益发达，金融资本和金融知识在增加居民收入中的贡献越来越大的情况下，金融资本匮乏也日益成为导致不同主体之间收入差距的重要因素。如何增加低收入群体金融资本和金融知识，让各种增加家庭收入的要素充分涌动，是现代社会防止贫困脆弱性群体陷入贫困、促进生计可持续的重要途径。

从以上对生计资本的概述可以看出提高个体可持续生计能力的关键是要增加个体生计资本总量、优化生计资本结构，使个体在不同社会发展阶段拥有的生计资本，既能够抵御和防范各种不确定性的冲击，又能够保证在遭受不确定性冲击后能很快恢复发展，持续走上生计资本不断积累和收入不断增长的良性轨道。

1.4　研究重点和难点

1.4.1　研究重点

本书以西南民族地区脱贫户生计能力研究和可持续生计能力实现机制构建为重点。生计能力是一个多重因素综合作用的客观变量，它直接关系到脱贫户脱贫的稳定性。在众多因素中，到底以哪些因素作为这一生计能力变量的主要自变量，是关系到生计能力研究的重要问题。本书采用可持续生计资本理论，将主要自变量界定在自然资本、物质资本、人力资本、社会资本、金融资本上面，通过对这五个资本的调查、测度，量化指标构建，最后来实现对生计能力的研究。在研究脱贫户生计能力时，重在研究脱贫户脱贫前后的生计能力变化情况，与非贫困户存在怎样的差距。在截面数据之下，如何反映脱贫户脱贫前后生计能力，本书在调查时做了充分准备，采用了"工具变量"思想：在数据调查中调查了未脱贫户样本，也就是仍然处于贫困状态、没有达到脱贫标准的农户,这类样本在很多特征上与脱贫户脱贫之前相似,可以作为脱贫户脱贫之前的替代样本,从而可以定量比较脱贫户脱贫前后生计能力变化。定量评估之后,重点是针对性地开展西南民族地区脱贫户生计实现机制研究。

1.4.2 研究难点

如何构建一个有效的适合西南民族地区脱贫户的可持续生计实现机制,这是难点之一。这一机制要反映地域特色、群体特征、生计能力状况、经济社会发展水平,针对性要强,操作性要高,深度性要够,对研究能力提出了很高要求。开展西南民族地区入户调查研究是难点之二。西南民族地区地理位置偏僻,地形地貌复杂,自然灾害频发,交通不便,往返时间长,调研成本高,在课题经费和人手有限的情况下,确保研究所需数据的量和质,是整个课题从一开始就需要克服的难题。

1.5 主要贡献和不足之处

1.5.1 主要贡献

深入调查、掌握翔实数据,形成了一个可以多次使用的数据库。本书课题组在现有约束条件下,为了尽量获得西南民族地区脱贫攻坚中的各级数据,特别是关于农户的微观数据,与同样研究西南民族地区的国家课题组进行联合调查,大家共同制定调查、方案和设计问卷,组成调查团队,分赴西南民族地区各个地方,开展深入细致的调查,克服了调研经费有限、人力不足的短板,最终形成一个覆盖四川、重庆、广西、云南、贵州、西藏等省、自治区、直辖市共计2 034个调查样本的微观数据库和不同层面的文字材料。这些数据和材料为今后继续深入研究西南民族地区乡村振兴的课题组成员提供了重要的一手资料,同时也可以为研究西南民族地区相关问题的其他学者提供数据共享。

全面分析了西南民族地区农户生计资本状况。西南民族地区农户生计资本存量和结构状况是其生计能力的基础。通过调查得来的翔实数据,运用描述性统计分析,比较系统全面地反映了西南民族地区农户的生计资本状况,为审视西南民族地区农户的可持续生计能力提供了一个重要场景。

构建指标体系定量评估分析了脱贫户生计能力。运用调查数据,构建指标体系,运用计量方法,对西南民族地区脱贫户生计能力状况到底发生了怎样的变化进行了定量化的测度分析,让我们更加清晰地看到西南民族地区贫困户在脱贫攻坚前后生计能力的变化情况。评估显示，贫困户脱贫后，相对于未脱贫户其可持续生计能力获得显著提升，但是与非贫困户的可持续生计能力相比，还存在显著差距。这为我们制定和优化调整巩固拓展脱贫攻坚成果提供了重要依据。

1.5.2 不足之处

虽然共调查了 2 000 多个个体样本，但由于重点研究脱贫户，主要样本是脱贫户样本，非贫困户和未脱贫户的样本相对较少，因此在定量评估比较脱贫户生计能力时，测度的非贫困户和未脱贫户的生计能力没有脱贫户大样本测度出来的精准，可能导致在比较他们之间可持续生计能力的差距时的精准性受到影响。

由于收入数据、资本状况是农户较为敏感的信息，肯定存在部分农户刻意隐瞒收入和资产的情况，我们获得的数据不一定完全真实，定量测度的结果和分析的结论不一定精准，可能只能从趋势上反映基本情况。

本书研究构建的西南民族地区脱贫户可持续生计的实现机制及其制度保障，力图最大化地反映西南民族地区特色、适应西南民族地区的具体要求。但由于西南民族地区范围广，不同民族之间也有差异，较难聚焦某一特定区域（如四川涉藏地区）进行地方民族特色的研究和提炼，以构建适应某一特定区域民族脱贫户可持续生计的实现机制和制度保障，导致构建的脱贫户可持续生计的实现机制及其制度保障在一定程度上具有一般性特征。不过好在这些一般性的特征也恰是西南民族地区的重要特征，因此具有一般性特征的机制和制度对西南民族地区来说也是非常适应的。

1.6 分析框架

1.6.1 分析框架基本内容

（1）历史依据 1：可持续生计能力提升的国家反贫困瞄准机制演变历程

西南民族地区农村居民的可持续生计能力伴随国家反贫困战略的推进而不断提升。西南民族地区贫困户整体脱贫是在国家前期农村反贫困的基础上，通过精准扶贫精准脱贫政策作用，精准提升贫困户可持续生计能力的历史性结果。因此，从瞄准机制视角回顾改革开放以来我国农村的反贫困历程，可以发现精准扶贫瞄准机制是西南民族地区贫困户生计能力不断提升、实现稳定脱贫的关键。

（2）历史依据2：民族地区构建可持续生计实现机制的政策回顾

新中国成立以来，党和政府高度重视民族地区的经济社会发展，关心民族地区人民群众的生产生活状况，一直致力于解决民族地区的贫困问题，根据不同时期我国经济发展水平和民族地区发展实际，制定出台了各种反贫困政策，不断构建和完善民族地区群众可持续生计的实现机制。这些历史性的工作是我国西南民族地区脱贫户当前构建可持续生计实现机制的重要历史基础和历史依据。

对西南民族地区可持续生计实现机制的政策回顾，既要放在党和政府为帮助民族地区发展社会经济、促进人民增收、缓解区域贫困而实施的特殊照顾政策这样的历史背景下，又要放在我国从全国整体层面为促进农村地区经济社会发展、解决农村贫困而实施的系列反贫困政策这样的整体历史大背景下。基于这样的历史背景，西南民族地区在促进经济发展、反贫困、提升生计能力方面的政策，就可以分为国家整体层面的一般性政策和民族地区层面的特殊照顾政策两方面。

以1949年新中国成立为起点，然后按照国家构建民族地区可持续生计能力实现机制的系列政策演变特点，分为六个阶段去进行政策回顾：一是小规模救济式扶贫政策阶段（1949—1977年），二是体制改革推动扶贫政策阶段（1978—1985年），三是有组织计划的开发式扶贫政策阶段（1986—1993年），四是扶贫攻坚政策阶段（1994—2000年），五是开发式扶贫政策发展阶段（2001—2012年），六是精准扶贫阶段（2013—2020年）。通过对这些政策的系统梳理回顾，总结相关经验，可以为今天我们进一步构建西南民族地区脱贫户可持续生计实现机制提供历史依据。

（3）现实依据1：西南民族地区构建可持续生计实现机制的现状描述性统计分析

西南民族地区可持续生计实现机制是以该地区当前生计发展的基本状况为现实基础的，这是构建西南民族地区脱贫户可持续生计实现机制的现实依据之一。生计发展状况怎样，需要通过与生计能力相关的要素反映。本书课题组通过设置科学系统的问卷，对西南民族地区进行了大样本的入户调查，获得了信息丰富的数据材料，为从定性上以生计资本为基本要素反映西南民族地区生计发展的现况提供了条件。根据收集到的数据，将这些数据进行描述性统计分析，可以非常直观地让我们感受到当前该地区生计能力的基本现状，从而为我们构建可持续生计实现机制提供重要现实依据。

描述性统计分析以准确的数据为前提。西南民族地区是一个范围较大的跨省区域，在现有约束条件下如何科学抽样是获得有效数据的关键。因此，首先需要对本书就可持续生计的调查进行详细说明，包括对调查的方法、样本的选择、问卷的设计等问题的说明，客观呈现课题田野调查的整体过程和基本情况。

然后需要对以自然资本、物质资本、人力资本、社会资本、金融资本为内容的生计资本逐一进行详细的描述性统计分析，从定性上把握当前西南民族地区的基本生计状况，为构建西南民族地区可持续生计实现机制提供详细、直观的信息依据。

（4）现实依据2：西南民族地区脱贫户可持续生计能力定量评估分析

在定性把握西南民族地区生计的基本状况的基础之上，还需要从定量角度反映西南民族地区脱贫户的生计能力状况。只有定性与定量相结合，才能够更加全面地呈现出西南民族地区群众特别是脱贫户的生计能力状况，为构建西南民族地区脱贫户可持续生计能力实现机制提供完整、准确的现实依据。

生计能力定量分析需要以可持续生计理论为基础，构建起反映生计能力的指标体系。可持续生计能力指标体系在坚持科学原则基础上，以五大生计资本为基本要素，以反映各生计资本的基本变量为基础指标，通过逐级降维，最后形成一个综合反映生计能力的指数。在这个生计能力指标中，生计能力指数是通过三个能力反映的：一是发展能力，二是经济能力，三是交际能力。这三个能力由五个生计资本反映，这五个生计资本指标则是由问卷调查中的基础信息降维得来。

（5）机制构建：西南民族地区脱贫户可持续生计实现机制

西南民族地区脱贫户可持续生计实现机制是本书研究的重点。这个机制从五个方面的内容进行构建。一是强化党的领导核心作用，它在机制框架中处于根本性地位，重点在强化党抑制返贫致贫的领导机制。二是完善促进西南民族地区整体发展的政策机制，要求通过对西南民族地区的财政、税收、金融、东西协作、对口帮扶等系列政策和机制的持续完善，形成对西南民族地区发展的整体性推动。三是建立健全巩固拓展脱贫攻坚成果长效机制，这是巩固脱贫攻坚成果、提升生计能力的第一要务，需要从脱贫攻坚过程中积累的经验和发现的短板中去总结提炼。四是健全西南民族地区低收入人口常态化帮扶机制。这个帮扶机制重在识别出低收入人群后，进行针对性、持续性的生计能力提升。五是构建西南民族地区脱贫攻坚与乡村振兴的有效衔接机制，从理论、组织、目标、考核等方面去进行有效衔接，把提升可持续生计能力的工作纳入乡村振兴的行动框架。

（6）机制保障：西南民族地区脱贫户可持续生计实现机制的制度保障

西南民族地区脱贫户生计可持续实现机制要发挥作用，还需要一系列制度保障。这些制度主要是从社会保障角度构建起一个社会安全网，让可持续生计实现机制能够在各种不确定性风险冲击下处于正常运行状态。所以，这个制度保障就包括了构建地区特色自然灾害保险制度、构建本地化农村医疗保险制度、构建发展型社会救助制度、构建公共服务城乡均等化保障制度。

1.6.2　分析框架基本逻辑

本书的研究框架如图 1.2 所示。

西南民族地区脱贫户可持续生计实现机制研究是建立在可持续生计理论基础上的。可持续生计理论为解决脱贫后如何进一步巩固脱贫基础、防止返贫提供了重要理论基础。这一理论结合了反贫困理论，又发展了反贫困理论，通过建立一个理论分析框架，强调提升可持续生计能力，重在提高可持续生计资本存量和优化可持续生计资本结构。

在上述理论基础上展开对西南民族地区脱贫户可持续生计实现机制的研究。首先是从历史视角对国家反贫困瞄准机制的演变历程和民族地区可持续生计实现机制的政策回顾，这是构建西南民族地区贫困户"脱贫摘帽"后可持续生计实现机制的历史基础。由历史到现实，研究当前西南民族地区构建贫困户可持续生计实现机制的现实基础至关重要。西南民族地区脱贫户的生计资本现状情况是现实基础之一，西南民族地区脱贫户的可持续生计能力相对于其他群体的具体状况是现实基础之二，因此需要对西南民族地区脱贫户的生计资本现状进行描述性统计分析，然后再对其可持续生计能力进行定量评估分析。梳理理论、把握历史、掌握现实，然后在此基础上构建西南民族地区脱贫户可持续生计实现机制，研究实现机制的制度保障。

从上述逻辑的梳理，可以看出西南民族地区脱贫户可持续生计实现机制的研究总体上贯穿了一个线索：是什么（理论基础回答贫困原因是什么、可持续生计是什么）——怎么样（生计资本现状进行描述性统计分析、可持续生计能力进行定量评估分析）——怎么办（构建可持续生计实现机制和制度保障）。

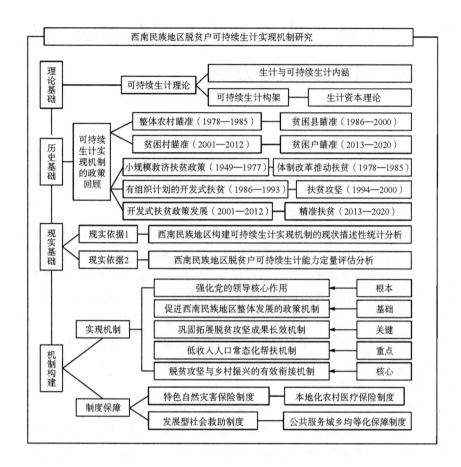

图 1.2　本书研究框架

2 可持续生计能力提升的国家反贫困瞄准机制演变历程

西南民族地区农村居民的可持续生计能力伴随国家反贫困战略的推进而不断提升。西南民族地区贫困户整体脱贫是在国家前期农村反贫困的基础上，通过精准扶贫精准脱贫政策作用，精准提升贫困户可持续生计能力的历史性结果。精准扶贫作为消除我国农村绝对贫困的创新扶贫方略，实际上是一种反贫困政策瞄准机制的创新。正是在这种瞄准机制创新模式下，通过实行"六个精准"即扶贫对象精准、措施到户精准、项目安排精准、资金使用精准、因村派人（第一书记）精准、脱贫成效精准，实现精准发力，保障了西南民族地区贫困户实现脱贫摘帽。

改革开放前，中国实行的是高度集中的计划经济体制，并没有制定有针对性的、大规模的反贫困政策。学术界普遍认为中国由政府开始有组织、有计划、大规模地实施减少农村贫困的行动始于改革开放。因此，从瞄准机制视角回顾改革开放以来我国农村的反贫困历程，可以发现形成精准扶贫瞄准机制是西南民族地区贫困户生计能力不断提升、实现稳定脱贫的关键。而这一机制的形成，从改革开放以来大致经历了如下几个阶段：

2.1 整体农村瞄准阶段（1978—1985 年）

2.1.1 整体农村瞄准机制的选择

1978 年党的十一届三中全会做出了把工作重点转移到社会主义现代化建设上来的战略决策，并富有远见地提出了对党和国家各个方面的工作进行改革的任务，被视为改革开放起航的标志。此时的农村经济处于十分艰难时期，粮食产量连续几年处于增长停滞状态，农民生活水平也处于较低状态。按照当时的贫困标准计算，1978年中国农村贫困发生率达30.7%；按照现行贫困标准推算，1978年农村贫困发生率达97.5%[1]。并且这时农村贫困分布呈现出"遍地开花"局面。采取什么样的瞄准机制农村反贫困瞄准效率最高？在此基础上采取什么措施减贫速度最快？这是当时解决农村贫困首先必须要解决的问题。从现在回看历史，事实上中国当时采取的是以整体农村和全体农民为对象的贫困瞄准机制[2]，并在此瞄准机制上采取的是以推进整个农村体制机制改革为手段，以释放农村要素活力、解放农村生产力、促进农村经济发展为目标，发挥改革效应而自动惠及贫困群体，实现减贫。实践证明这样是合乎实际、十分必要和行之有效的。

以农村整体和全体农民为对象的贫困瞄准机制，是当时贫困瞄准最有效率的选择。这种机制对应的瞄准方法实际上是群体瞄准法，只不过这种群体范围较大，被界定为全体农民。从当时农村的贫困发生情况看，贫困面大，贫困呈现普遍性分布的特征，整个农民群体生活水平较低，急需进行大力帮扶以改善生活，加之农民之间地位非常平等，在经济状况方面几乎是同质的，界限不分明，贫困差异小，这在客观上不具备甄别贫困对象的条件[3]，所以以整个农村和全体农民为贫困瞄准对象，是当时农村反贫困的现实需要。从当时中国经济发展水平和经济发展面临的实际情况看，由于经历了十年"文化大革命"，以"阶级斗争为纲"使经济建设被打乱，国家财力和物力薄弱，加上拨乱反正后以经济建设为中心的各方面工作的恢复和开展的财政支出较大，中国还不具备条件列支大规模预算，设计专门扶贫项目，用于农村专项扶贫，也较难承受为识别贫困群体而需付出的较高贫困瞄准成本，因而事实上就自然选择了这种成本较低的群体瞄准法，也就是瞄准农村整体和全体农民，想办法解决农民吃不饱饭的问题。

以体制机制改革为手段的制度供给是当时农村反贫困性价比最高的资源。在明确整个农村和全体农民是贫困瞄准对象的基础上，没有国家财力支持，拿什么资源去扶贫？这是农村解决以吃饱饭为内容的反贫困面临的重大难题。这就要历史地分析中国农村当时出现普遍性贫困的深刻原因，找准问题症候，才

---

① 数据来源于《中国统计年鉴2017》。

② 虽然改革开放初期我国政府还没正式开始有计划、有组织、大规模的农村扶贫，但从事实情况以及学界达成的基本共识看，这一时期我国实际上采取的是以制度改革为手段促进贫困减少，即这一时期是制度反贫困时期，贫困瞄准对象是整个农村和全体农民。

③ 当然国家一直对农村特殊困难群体实行特殊救助制度，如农村"五保户"政策，以保障这部分特殊困难群体的最基本生存权利。

能对症下药。应该说，农村出现这种状况是自"大跃进"和"人民公社化"运动以来农村多年体制机制运行积累的结果。可以从两个方面来解释：

一方面是农村传统高度集中的农村集体统一经营效率下滑的长期积累。中国农村在1956年基本完成了社会主义改造，建立起了土地集体所有制的公有制形式，但在"一大二公三纯四平均"的思想影响下，追求农村集体规模和农业生产规模①越大越好，废除一切私有形式，比如自留地、自养牲畜，追求公有程度越高越好，割掉资本主义"尾巴"，追求社会主义成分越纯越好，追求集体劳动成果分配越平均越好，使得农村逐渐形成了人民公社、生产大队和基本生产队"三级所有，队为基础"的农民集体统一经营管理模式。这种模式下依靠行政手段配置土地、劳动力等资源，按照行政计划安排农业生产，农民家庭丧失了土地实际权利，土地利用和劳动投入缺乏激励和约束，农村生产力要素被粗放使用，配置效率低下。农村集体统一经营体制的长期存在成为农村发展缓慢、农业滞后、农民贫困的主要原因。

另一方面是工业、城市优先发展的"城乡剪刀差"制度的长期积累。新中国成立后，为了优先发展工业特别是重工业，急需大量资本积累。为了满足城市工业发展需要，形成了以人民公社、统购统销、户籍制度为基础的城乡"剪刀差"制度体系，国家通过低价从农民手中获取农产品，高价销售工业品，从农业中转移部分收益，支持工业发展。据估计，1952—1984年，以"剪刀差"形式从农业获取的工业化资金高达3 917亿元，而通过税收形式获得的资金仅为935亿元[25]。在农村经营体制效率较低的情况下，国家城乡利益关系上的偏向政策进一步加剧了农民生活的困难。到了20世纪70年代末，农民年均纯收入只有60多元，其中现金仅14元，绝大多数农民处于绝对贫困状态[26]。同时，这项制度安排对于支持工业发展的边际贡献也越来越弱，如全国29个省、自治区、直辖市，原来有14个粮食调出省，到20世纪70年代末期只剩下3个省可以调出粮食[26]，国家从该项制度中获得的净收益等于甚至小于零，制度变迁迫在眉睫[27]。

2.1.2 瞄准农村的制度改革扶贫

由此可以看出，这一阶段农民迫切需要的是改革现有效率低小的农村经营制度，调整牺牲农民利益支持城市发展的城乡关系，以"还权于民"和"还利于民"来反贫困。1978年底小岗村的农民私下把土地承包到户，获得了土

---

① 指的是农村集体农业生产追求大而全。

地和劳动力等要素的相应权利，并在 1979 年获得了大丰收，证明了改革的有效性。全国各地逐渐实行"包产到户""包干到户"。1982 年中央 1 号文件对"包产到户"和"包干到户"正式给予肯定，明确其皆为社会主义性质；1983年春季，全国实行"双包"责任制基本核算单位的比重达 93% 以上，从而创造性建立了家庭联产承包责任制，实现了土地"还权于民"，家庭联产承包责任制成为中国农业的主要经营形式。1984 年底，全国基本完成人民公社改为乡镇人民政府的工作，人民公社体制成为历史。新的制度带来了生产效率的极大提高。如粮食总产量，在 1974—1977 年一直徘徊在 2.8 亿吨左右，而 1978年的改革元年粮食总产量就增加了 0.2 亿吨，达到了 3 亿多吨。1979 年再创新高，达到 3.3 亿吨。到 1984 年粮食产量达到近 4.1 亿吨，总产量增加了33.6%。据估算，这一期间农业产出增长的 46.9% 来自家庭联产承包责任制这一制度变革的贡献[28]。接着国家着手调整城乡利益关系。1985 年的中央一号文件提出，"除个别品种外，国家不再向农民下达农产品统购派销任务，按照不同情况，分别实行合同订购和市场订购"，长达 30 多年的主要农产品统购统销制度被取消，农民生产的农产品在制度上获得了与工业品平等交换的权利[26]，"城乡剪刀差"的制度基础被取消，实现了"还利于民"。这些改革，成本小、见效快，使当时农村大面积缺食品的极端贫困状况得到了缓解。按照1978 年 100 元的贫困线标准计算，这一阶段农村贫困人口由 2.5 亿人减少到1.25 亿人，农村贫困发生率从 33% 下降到 14.8%[①]，成为改革开放以来中国历史上第一个重要的农村反贫困阶段。

在这一阶段，西南民族地区农村和全国一样实行了家庭联产承包责任制，极大地激发了西南民族地区农民的生产积极性，农民可持续生计能力得到极大提高，为缓解当时的贫困发挥了重要作用。

2.2 贫困县瞄准阶段（1986—2000 年）

2.2.1 县级瞄准机制形成

农村体制机制改革的扶贫效应经过了几年的释放，呈现出边际贡献下滑的态势。到 1986 年，农村反贫困面临新的问题。其一，农业产量经过连续大丰收后，开始在 1985 年出现下降的情况。如以谷物、豆类、薯类为主的粮食产

---

① 《中国统计年鉴 2017 年》2018 年版，第 196 页。

量 1984 年为 40 731 万吨，1985 年降为 37 911 万吨。棉花产量 1984 年为 625.8 万吨，到 1985 年降为 414.7 万吨。其二，城市改革开始推进，工业企业承包制开始实施，农民收入快速增长的势头受到城市经济和工业企业快速增长的冲击，全面改革使农村发展失去其优先效应，改革实现的农村经济增长对减贫的拉动作用变弱[29]。其三，贫困问题由之前的普遍性分布开始出现分层和分块演化趋势，区域贫困特征十分明显，地区间发展不平衡逐渐加重，贫困地区和人口需要特殊支持政策才能获得较快发展和脱贫。这些新的现象，表明继续在整体瞄准机制下实施以体制机制改革为手段的扶贫模式，难以满足农村脱贫的现实需要。同时国家经济发展水平有了较大提高，社会总产值由 1978 年的 6 846亿元增加到 1985 年的 16 309 亿元，增加近万亿，增幅达 138.2%；其中农业总产值 1978 年的 1 567 亿元增加到 1985 年的 4 580 亿元，工业总产值由 1978 年的 4 067 亿元增加到 1985 年的 8 756 亿元，积累了一定的物质基础。

从各方面情况看，农村反贫困已经具备了进行针对性的专门扶贫的条件了，于是为了更加集中力量和资源减少贫困，1986 年扶贫瞄准机制开始调整为针对贫困县进行重点扶贫。这种瞄准法是典型的个体需求评估法。首先是确定贫困县的标准：以县为单位，以 1985 年人均纯收入为指标，对非民族县人均纯收入低于 150 元、民族县人均纯收入低于 200 元、对民主革命时期做出过重大贡献、在海内外有较大影响的老区县，给予重点照顾，放宽到年人均纯收入低于 300 元的标准。按照该标准，全国识别出了 331 个国家级贫困县。另外，各省根据自己的实际情况，按照相同的方法划定了各省贫困县标准，识别出了 368 个省级贫困县。到 1994 年，国家经济发展水平和农村人均收入水平均有较大幅度提高。有的贫困县发展较快，实际已达到退出标准；有的经济发展较慢的非贫困县，成为新的需要重点扶持对象。于是这一年国家制定颁布了《国家八七扶贫攻坚计划》，对国家贫困县标准做出了调整。以 1992 年人均纯收入为指标，低于 400 元的县全部纳入国家贫困县重点扶贫序列，凡是人均收入高于 700 元的原国定贫困县，一律退出国家扶持序列。根据新的标准，全国重新划定了 592 个贫困县，即国家扶贫开发工作重点县，进行新一轮的重点扶贫。《国家八七扶贫攻坚计划》以扶贫重点县为着力点，力争用 7 年左右的时间到 2000 年底基本解决当时农村 8 000 万贫困人口的温饱问题，并就农田、农林牧副等产业、乡镇农村道路、电力基础设施、人畜饮水、义务教育、扶贫资金投入持续性、参与扶贫力量等问题进行了规划指导。

2.2.2 县级瞄准机制下的农村扶贫开发

在县级贫困瞄准基础上，国家对贫困地区进行政策的大力倾斜，明确规定中央财政和信贷以及其他扶贫项目资金要集中投放在划定的国家扶贫重点县，有针对性地进行开发式扶贫。

首先，成立了领导全国农村扶贫开发的组织机构。为有组织、有计划地推进农村扶贫工作，1986年国务院决定成立贫困地区经济开发领导小组，小组下设办公室，办公室设在当时的农牧渔业部，负责办理日常工作。小组的基本任务一是组织调查研究，二是拟定贫困地区经济开发的方针、政策和规划，协调解决开发建设中的重要问题，三是督促、检查和总结交流经验。1993年《国务院办公厅关于调整国务院贫困地区经济开发领导小组名称和成员的通知》发布，国务院贫困地区经济开发领导小组更名为国务院扶贫开发领导小组，下设国务院扶贫开发领导小组办公室。1998年《国务院办公厅关于调整国务院扶贫开发领导小组成员的通知》发布，规定"国务院扶贫开发领导小组在农业部单设办事机构"。这个组织机构在中国农村扶贫中发挥了重要的组织领导作用，成为农村反贫困不断取得胜利的重要组织保障。

第二，积极推行以工代赈的政策。由国家专门机构安排投资，在贫困县进行社会工程建设，让贫困人口通过出工投劳获得收入，同时还有力促进了贫困地区基础设施条件的改善，为贫困地区经济社会发展创造必要的外部环境。在贫困地区建设了一大批公路、通信、人畜饮水工程等基础设施，改造了大批耕地，开发了大批良田，为方便贫困地区生产生活、促进贫困地区经济发展、创造贫困人口增收机会做出了重要贡献。

第三，大力实施财政税费倾斜政策。从1985年起，对贫困县分情况减免农业税，对最困难县免征农业税5年，对困难较小县酌量减免1到3年。鼓励外地资金到贫困县兴办开发性企业，给予其5年内免缴所得税的优惠政策；对乡镇企业、农民联办企业、家庭工厂、个体商贩的所得税是否减免及减免多少，县政府可自行决定。对贫困地区的民族贸易企业经营、边境贸易等在税收政策上给予适当照顾。1994年分税制改革后还继续保留了对贫困地区的定额补助和专项补助。对民族地区贫困县实行了定额补助的财政制度，即民族自治地区收入全留，支出基数大于收入基数部分，由中央定额补助。加强对贫困地区和贫困人口金融贷款利息的财政补贴，对贫困地区和贫困户因生产生活需要资金的，以财政担保方式，鼓励其贷款，鼓励金融机构授信。

第四，创立东西协作扶贫机制。经过十多年改革开放，东部沿海一些省市经济发展水平已大大超过中西部地区，是改革开放"先富起来"的部分。为了引导东部率先发展起来的省市支持中西部落后地区发展，1994年《国家八七扶贫攻坚计划》提出东部发达省市对口支持中西部贫困地区经济发展和贫困人口脱贫的东西协作扶贫机制。1996年国务院扶贫开发领导小组在全国扶贫工作会议上部署，决定让东部沿海13个发达省市对口援助西部的10个贫困省和自治区。这种机制主要通过四种方式实现：①无偿捐赠资金用于西部教育、卫生和基础设施；②无偿捐赠实物用于支持贫困地区农业生产和救济贫困人口；③加强经济技术协作，东部地区的资金、技术、先进管理方式和发达的市场，与贫困地区的资源相结合，形成合作生产和经营，实现贫困地区经济发展和收入增加；④加强人员的双向流动，东部发达省市派懂技术、懂管理的人员到西部贫困地区提供服务，西部贫困地区派行政和技术骨干人员到东部发达省市培训和挂职锻炼，西部贫困地区输送剩余劳动力到东部发达省市就业。据不完全统计，1996—1999年，东部地区向西部贫困地区累积捐赠钱物10多亿元，与其签订协议项目2 600多个，实际投资近40亿元，接受贫困地区劳务输出25万人[30]。

第五，组织实施定点扶贫政策。为充分发挥社会主义广泛动员力量参与扶贫的优势，1986年中央开始实施定点扶贫政策，让政府部门、企事业单位和社会团体利用自己的资源和专业力量参与扶贫工作，定点支持国家扶贫重点县。据统计，参与定点扶贫的中央党政机关、企事业单位和社会团体从最初1986年的10个增加到2000年的138个，共定点扶持了350个贫困县；仅1998年到1999年两年时间，定点扶贫实现向贫困县直接投资13.7亿元，捐献钱物1.14亿元，引进资金68.8亿元，对贫困县的经济发展和摆脱贫困做出了重要贡献。

经过以贫困县为瞄准对象的扶贫开发，西南民族地区贫困县经济得到较快发展，农民生计能力进一步提高。到2000年底，西南民族地区基本完成了《国家八七扶贫攻坚计划》解决农村贫困人口温饱问题的目标。

2.3 贫困村瞄准阶段（2001—2012年）

2.3.1 村级贫困瞄准机制形成

进入21世纪，贫困人口分布出现新特征，贫困人口聚集在更小地理范围内，呈现出由区域分布快速向点状分布演化的趋势，贫困人口空间分布更加分散。这时，以贫困县为对象的瞄准机制已不符合农村反贫困现实需要。"八七扶贫攻坚"时期明确规定财政扶贫资金和项目必须全部用于重点扶贫的国家级贫困县，因而只有国家级贫困县的乡、村、户能够获得扶贫资金和项目的帮助；但到 2000 年时，国家级贫困县贫困人口和贫困人口所占比例均大幅度下降，贫困县的贫困人口散布在县域偏远村落，而非贫困县同时也还存在大量贫困乡、贫困村和贫困人口。据估计，这时期贫困县的贫困人口占全国贫困人口比例的 54.3%，非贫困县的贫困人口占全国近一半比例[31]，继续以贫困县为对象的瞄准机制，既会使贫困县内的贫困瞄准不精准，又会使非贫困县的贫困村和贫困人口不能获得扶贫政策支持。同时，聚集在村落等小范围内的贫困人口在文化习俗、自然资源、基础设施和社会服务方面具有很多相同点，以村落为对象更便于进行综合性的扶贫开发[32]。原先的县级瞄准机制必然会导致扶贫资源和目标产生偏离，因此必须进行进一步调整，以村级为单位的瞄准机制才能提高扶贫效率。

2001 年，中国政府正式实施了以贫困村为对象的村级瞄准机制。在识别贫困村方面，将任务下放给地方政府，主要由县一级政府承担贫困村的识别工作。在识别方法上比较灵活，当时国务院扶贫办推荐了亚洲开发银行技术援助项目的专家设计的村级贫困排序的加权贫困指数，通过对县内所有村进行排序来确定贫困村。但由于该方法比较复杂，成本也较高，很多地方根据实际情况采取了适合自己的方法来确定贫困村。比如有的地方就直接根据省上分配的贫困村名额，由县内的乡村小组讨论和领导投票决定。经过全国范围内的贫困村识别，共识别出 148 131 个贫困村。按照区域分块看，中部地区占约 30%，西南占约 29%，西北占约 21%，沿海地区占约 14%，东北地区占约 6%[33]。

2.3.2 村级瞄准机制下的整村推进扶贫

2001 年国家颁布了《中国农村扶贫开发纲要（2001—2010 年）》（简称《纲要》），对未来十年农村扶贫进行了规划。为了实现纲要规划的目标，在确定村级瞄准机制基础上，国务院扶贫办总结各地实践经验，在全国农村全面实施以贫困村为对象的参与式整村推进扶贫模式。参与式整村推进扶贫主要是在总结提炼甘肃省农村扶贫实践经验的基础上提出来的，它以村级社会、经济、文化的全面发展为目标，坚持开发与发展并举，一次规划，分步实施，突出重点，整体推进。在建设内容上以发展经济和增加贫困人口的收入为中心，力求山、水、田、林、路综合治理，教育、文化、卫生和社区精神文明共同发展；在资金投入和扶持量上，以政府投入为引导，以村级物质资源和劳动力资源为基础，充分调动政府各部门和社会各界的力量，使各方面的扶贫资金相互配套、形成合力，集中投向贫困村需要建设的项目，达到"集小钱办大事"的目的①；在扶持措施上，采用各种适宜的扶持方式和先进实用的科学技术组合配套、综合运用；在生产项目上，以市场为引导，以千家万户的生产为基础，以发展种养业为重点，以产业化建设为龙头，努力增加农户生产生活资料的积累[34]。同时，制定了"整村推进扶贫"工作的总体目标：在2010年之前，全面完成全国148 131个贫困村扶贫规划的实施，稳定解决贫困人口温饱，促进贫困村经济社会全面发展，夯实贫困村协调发展的基础，建立和完善贫困村可持续发展的长效机制，增强贫困村自我发展的能力，为全面建设小康社会创造条件。要求各省（区、市）要按照实事求是、因地制宜、分类指导原则，摸清底数，先难后易，统筹安排，分期分批推进，确保所有贫困村在2010年底前完成"整村推进"工作，如期实现《纲要》确定的目标。围绕这一目标，各地认真制定和完善了村级扶贫规划，对基本农田、人畜饮水、道路、贫困农户收入、社会事业和村级领导班子等方面的工作进行了细化。《规划》要求夯实两个基础：一是改善基本生产生活条件，提高抵御自然灾害的能力，夯实贫困村经济发展基础；二是进行结构调整，开发优势产业，夯实贫困农民增收基础。

这一阶段，虽然我们在瞄准机制上以村级瞄准为主，但是仍然没有放弃原先对贫困县的基本扶贫政策，只是根据全国贫困变化实际情况，取消了东部地区国家级贫困县的政策，全部调整到中西部地区，并在贫困县和非贫困县的扶贫资源分配上有了一些调整。在继续坚持贫困县农村扶贫开发基础上，重点结合参与式整村推进扶贫工作，使得这一阶段扶贫取得了较大成就，到2010年全国农村贫困人口继续减少，按照2008年两线合一后的1 061元贫困标准②，贫困人口从2000年的9 422万人下降到2010年的2 688万人，减少近71.5%，贫困发生率从10.2%下降到2.8%。2011年，根据经济发展水平的提高，贫困线标准再次提高到2 300元，由此贫困人口也从2 688万人上升到1.4亿。到2012年，中国科学院发布的《2012中国可持续发展战略报告》显示中国农村还有1.28亿贫困人口。

西南民族地区在这一时期通过贫困村的瞄准机制，获得更多国家扶贫资源和政策，扶贫工作取得了较好的效果，贫困发生率逐渐下降，贫困人口持续减少。到2013年民族地区的贫困人口已经下降为2 562万人，贫困发生率从

---

① 资料来源于2003年甘肃省扶贫办的《甘肃省扶贫开发工作资料》。

② 2008年以前中国政府对农村设定两个扶贫标准线，即绝对贫困标准线和低收入标准线，2008年开始将两个标准线合二为一，重新确立新的贫困线，以后各年按照物价指数上调。

2010 年的 34.1%下降到了 17.1%[35]，贫困面貌得到了很大的改善。但是同时，由于民族地区的贫困问题复杂，深层次的矛盾多样，从全国来看其扶贫问题还是较为突出。

2.4 贫困户瞄准下的精准扶贫阶段 (2013—2020 年)

长期以来，不论是以贫困县为重点的扶贫开发，还是以贫困村为重点的参与式整村推进扶贫模式，都是属于区域扶贫范畴，而区域扶贫较多依靠了经济发展的"涓滴效应"，即通过促进贫困地区经济发展惠及贫困户实现脱贫，还没有全面推行贫困识别到户到人、直接对贫困户进行帮扶而实现脱贫的措施。但经过 21 世纪十多年的扶贫工作，中国农村贫困状况发生了许多变化，首先是经济发展中由于收入分配不平等程度的扩大，低收入的贫困人口越来越难通过获得经济增长的好处而实现减贫，即经济增长的减贫效应在不断下降，区域扶贫模式越来越偏离其目标[36]。其次，剩余的贫困人口更加收敛于特殊类型地区，如大石山区、高寒牧区、盐碱荒漠区、边境民族区等地区。它们属于脱贫攻坚的"贫中之贫""坚中之坚"，以前常规的扶贫难以奏效，必须以创新的举措实施更加有针对性的扶贫，方能见效。面对这样的新情况，必须在更加精准的瞄准机制下，创新扶贫方式和扶贫模式。习近平总书记 2013 年 11 月在湘西考察时提出了要"精准扶贫"。精准扶贫是指精准识别贫困户并对其建档立卡，根据扶贫对象特点分类实施物质、文化、教育、基本保障等多维度的、有针对性的、精细化的可持续性扶贫帮困[37]。在瞄准方法上基本采用的是基于社区的瞄准法，即由各村村民委员会组织识别贫困户。总数上采取规模控制，以 2013 年农民人均纯收入 2 736 元为贫困标准，按照国家统计局统计的 2013 年底农村贫困人口规模 8 249 万人的总数，逐级分解到行政村。在村上先是由贫困户以户为单位申请，然后村民民主评议，以农户收入为基本依据综合考虑住房、教育、健康等情况，评议通过之后，张榜公示公告，无异议后上报逐级审核，最终通过后进行建档立卡。

在精准识别后，关键要落实帮扶责任人，解决"谁来扶"问题。国家明确精准扶贫按照中央统筹、省负总责、市县抓落实的责任机制和"五级"书记一起抓的联动机制；创造性地实行"五个一"结对子帮扶行动，即对每一个贫困村安排一个驻村工作组、一个联系领导（县级）、一个第一书记、一个帮扶部门、一个驻村农技员，对贫困村的贫困户实施全面帮扶；对非贫困村的贫困户可以减少结对子人员，但必须有帮扶责任人。严格压实责任，实行贫困户不脱贫、帮扶力量不撤退的机制。

在明确帮扶责任人的基础上，重点是制定帮扶措施，解决"怎么扶"的问题。对每一个识别的贫困户要弄清楚其家庭基本情况和致贫原因，制订帮扶计划，采取帮扶措施。在帮扶措施上，除了以前常规性的开发式扶贫以外，针对贫困户创新性地提出了"五个一批"的扶贫模式。一是发展生产脱贫一批。引导和支持所有有劳动能力的人依靠自己的双手开创美好明天，立足当地资源，发展产业，实现就地脱贫，如帮助贫困地区发展特色经济，建立奔康产业园，发展壮大集体经济，鼓励土地、资金、劳动力等要素入股合作社，建立新型农业经营组织等，这是精准扶贫中最具有可持续性的措施。二是易地扶贫搬迁脱贫一批。针对那些很难实现就地脱贫的特殊贫困地区贫困人员，这类地区的贫困人员一般不具备条件通过现有扶贫方式脱贫，或者现有脱贫方式脱贫的成本大大高于易地搬迁脱贫的成本，按规划、分年度、有计划地组织实施易地搬迁，让贫困者在易地安家、发展生产，逐渐实现脱贫致富。三是生态补偿脱贫一批。针对大力进行生态修复的特殊贫困地区贫困人员，通过在国家生态修复过程中创造的生态保护岗位如护林、护草、湿地保护等岗位，让有劳动能力的贫困人员充实这些岗位获得工资性收入。通过国家加大对生态修复区的转移支付力度，如退耕还林、还草、还湿地等地区贫困户的生态补偿，增加转移性收入。四是发展教育脱贫一批。针对所有有条件接受各种形式教育以增强就业能力实现脱贫的贫困人员，帮助其进行人力资本积累，获得更强市场就业竞争力。五是社会保障兜底一批。对那些因各种缘由丧失劳动能力的贫困人员，通过各种扶贫手段都难以脱贫，靠社会保障这道安全阀来帮助其脱贫是最终选择，这是贫困的最后一道防线。

严格把关"贫困"退出，确保脱贫质量。精准扶贫目的是精准脱贫，按照统一要求，精准脱贫既要制定时间表"倒逼工期"，防止拖沓，又要严把质量关，确保真脱贫。因此对贫困户脱贫和贫困村、贫困县"摘帽"，实行严格的第三方评估验收制。贫困户退出按照"一超""两不愁""三保障"的标准进行考核验收。"一超"是收入要超过按照物价动态调整的贫困标准；"两不愁"是指农户吃饭和穿衣有保障，能够稳定实现不愁吃、不愁穿；"三保障"指脱贫人口义务教育、基本医疗和住房安全有保障。各省根据自己的实际情况，在国家标准基础上，还可以增加各省退出的指标，所以各省贫困户实际退出标准要严于国家标准。贫困户退出要经过严格的程序，必须由村"两委"组织民主评议后提出，拟退出贫困户签字认可，在村内公式无异议后，向上级申请退出，并从建档立卡贫困人口中销号。同时，对认定的贫困村和贫困县的退出，也要进行严格的指标考核验收。国家规定贫困村和贫困县退出的标准为贫困发生率低于2%（西部地区为3%），但各省根据实际情况增加了考核指标，如四川省要求贫困村退出还必须具备"五有"，即贫困村退出当年有集体经济、有硬化路、有卫生室、有文化室、有通信网络，贫困县退出还必须具备乡"三有"，即乡乡有标准中心校、有达标卫生院、有便民服务中心。通过设置一系列的标准，专业的第三方评估人员进行对标验收，达标后方能正式退出，保障了脱贫质量。

在精准扶贫瞄准机制作用下，经过长达7年时间的脱贫攻坚，西南民族地区贫困户精准获得各种帮扶措施，生计能力显著提升，西南民族地区实现了贫困县退出、贫困村出列、贫困人口摘帽的历史性目标，与全国一道全面建成了小康社会。

2.5　本章小结

通过梳理可以看出，改革开放以来，西南民族地区和中国其他地区农村一样，遵循了一条合乎农村贫困变化特征、反映农村减贫规律的贫困瞄准机制的反贫困实践路径，在农村贫困的不同阶段采取了有效率的扶贫瞄准机制。农村整体瞄准—贫困县瞄准—贫困村瞄准—贫困户建档立卡瞄准的历史进程，契合的正是中国农村反贫困模式不断创新、措施不断精准、贫困人口不断减少、反贫困难度不断增加的历史进程。正是由于我们能够与时俱进调整扶贫瞄准机制，以瞄准机制的变化带动西南民族地区农村扶贫开发模式的创新和整个扶贫政策的调整，实现了消除西南民族地区绝对贫困的历史性任务。当前仍然需要坚持精准思维，把政策和资源精准实施到对象上，才能不断巩固脱贫攻坚成果和解决相对贫困。

3 民族地区实现可持续生计的国家反贫困政策回顾

国家对西南民族地区出台的促进生计可持续的国家政策，应该放在国家对整个民族地区实施的政策大背景下去回顾。在新中国成立前，由于历史、现实原因，民族地区经济社会发展的基础十分薄弱，民族地区较其他地区更加落后。所以，虽然国家主导实施有计划、有组织、大规模的反贫困政策是从改革开放后开始的，但是国家大力支持民族地区经济、社会、文化、教育等发展的倾斜性政策，从新中国成立就开始了。通过历史梳理可以知道，新中国成立后，除了同全国其他地区一样的一般性发展政策外，国家对民族地区还实施了特殊照顾政策。按照这些政策的主要内容可以将新中国成立以来国家对于民族地区实施促进经济社会发展、缓解民族地区贫困、促进民族地区群众生计可持续政策的演变历程分为六个阶段。

3.1 小规模救济式扶贫政策阶段（1949—1977年）

3.1.1 全国一般性反贫困政策

1949年新中国成立，中国人民从此站起来了。旧中国深受帝国主义、封建主义、官僚资本主义剥削，中国人民绝大部分生活于水深火热之中，新中国成立之初最重要的任务就是让贫苦人民过上好日子。党和政府认为导致贫困的主要原因在于所有制，因此对所有制的改造成为当时消除贫困的主要途径[38]。1950—1952年，在农村，广泛进行了土地改革，把土地分给农民，彻底废除了封建土地所有制，建立了农民土地所有制；接着，1953—1957年，对农村开展土地集体化运动，逐渐形成了"三级所有、队为基础"的农村集体经济体系，为发展农村生产力、消除农村贫困发挥了巨大作用。在城市，1956年完成了对民族工商业和小手工业的社会主义改造，建立了社会主义公有制基础，消除了剥削的制度根源，通过走工业化道路快速推动国民经济发展。这一时期，针对社会特殊的贫困人群，政府主要是采取"依赖于集体，依赖于群众，通过生产来自给自足，同时国家提供必要的福利救助"[39]的原则，建立了一个社会救助体系。这个体系的特点是救济式扶贫，救济形式单一、集中，主要以政府提供的社会救济、自然灾害救济、优抚安置的实物性生活救济为主。在广大农村，主要是通过土地保障、五保户制度、合作医疗制度为主要内容的社会安全网为农村贫困者建立了一个基本生活保障屏障。在国家这些一般性的反贫困政策中，民族地区的经济社会获得了巨大发展，民族地区人民生活水平得到了空前提高。

3.1.2　民族地区特殊反贫困政策

这一时期，由于民族地区农村生产力发展基础非常弱，各方面仍十分落后。国家的经济发展水平和物质基础整体还不高，党和政府在解决民族地区贫困问题和提升民族地区人民可持续生计能力方面的特殊政策非常有限。然而，党和政府依然十分关心民族地区同胞的生活状况，在条件极其有限的情况下，初步制定了一系列特殊政策，着力帮助解决民族地区贫困群众的生产生活问题，形成了这一时期民族地区提升可持续生计能力的国家政策。

重点支持民族地区经济社会发展。1949 年 9 月 29 日，中国人民政治协商会议第一届全体会议通过了《中国人民政治协商会议共同纲领》（简称《共同纲领》）。《共同纲领》的第六章民族政策的第五十三条就规定了各少数民族均有发展其语言文字、保持或改革其风俗习惯及宗教信仰的自由。人民政府应帮助各少数民族的人民大众发展其政治、经济、文化、教育的建设事业。比如，扶助民族贫困地区生产、解决民族贫困地区群众温饱成为这时国家重点关注的问题。1952 年 12 月提出的《中央关于民族地区的五年计划的若干原则性意见》明确指出，各省、区、市在制订经济发展计划时要全力推行民族区域自治，在制订计划时既要照顾到少数民族的要求和愿望，又必须充分估计各民族当前发展阶段的特点和各种不同情况，必须考虑可能实现的条件，切忌提出空洞难以实现的计划。这一时期国家主要从宏观上指导确立民族地区的经济建设重点，即帮助民族地区的农牧业、交通运输业、贸易行业实现发展。1973年 12 月 2 日，国务院批转轻工部、商业部《关于加强少数民族特需用品生产和供应工作的报告》的通知，其内容包括对少数民族特需用品的生产统筹安排及合理调整生产布局。

重点支持民族地区商业贸易发展。1952 年根据《中央关于民族地区的五年计划的若干原则性意见》的要求，制定了对民族地区贸易企业自有资金、利润留成的特殊照顾政策。1963 年 1 月 23 日，中共中央、国务院批转有关部门的报告，决定对民族地区商业贸易（简称"民贸"）实行三照顾政策：一是自有资金政策。对交通不便、商品在途时间长、资金周转慢、流转费用大的边远山区和边远特区的民族贸易企业，由中央商业部门拨给较多的自有资金。自有资金占流动资金的比重为：零售企业占 80%，批发企业占 50%[40]。1981 年，各级财政实施"分灶煮饭"体制后，对民族地区贸易企业应补充的自有资金由各省、自治区根据财政商品资金定额予以安排解决。二是利润留存政策。边远地区民族贸易企业利润留存比例为 50%（1980 年前为 2%），利润留存只能用于建设简易营业室和仓库，添置运输工具，以及补助必要的职工福利。三是价格补助政策。对交通不方便的边远山区和边远牧区，对一部分主要农副土特产品实行最低保护价，对一部分主要工业品（如食盐、煤油、火柴、茶叶等）实行最高限价，由此产生的亏损由财政部给予必要的补贴。

民族地区在财政、税费方面的特殊照顾政策。1955 年，为了帮助民族地区发展各项事业，国家设置了民族地区补助费。补助费是在正常经费外，拨给民族地区一些专款用于特殊开支，重点用于民族地区发展生产、医疗卫生、文化教育等方面的补助开支。1958 年，《中华人民共和国农业税条例》第十九条规定，对生产落后、生活困难的民族地区减征农业税。1964 年，国家规定民族自治地方财政超收分成全额留用。1968 年起国家财政实行收支两条线的办法，对民族地区财政支出需要的资金给予专项照顾，并重视民族地区的支出需要，尽量给予必要的支持。1972—1975 年，国家对边疆民族地区设置补助专款。1977 年，国家财政设置了边境事业建设补助费，主要用于支持边疆民族地区经济和社会事业的发展，六个边境民族省区是这项补助费分配的重点。

这一时期的民族扶贫政策还处于摸索阶段，主要是以救济式扶贫为主。同时，国家也从经济发展等方面给予了许多政策照顾，有力地促进了民族地区经济社会发展，改善了民族地区群众的生活状况。得益于党和国家实施的一系列一般性和特殊性照顾政策，西南民族地区群众在这一时期的可持续生计能力①也得到了一定程度提高。

---

① 具有可持续生计能力并不等于实现了生计可持续目标，该能力反映实现或达到这个目标的能力现状。可能该能力与目标要求还有差距，可能已经接近或达到或超过目标要求。

3.2　体制改革推动扶贫政策阶段（1978—1985年）

3.2.1　全国一般性反贫困政策

经过新中国成立后长达近30年的发展，民族地区经济水平有了一定提高，人民生活水平得到一定程度改善。但是高度集中的计划经济体制效率越来越低，农村农业集体化生产模式和绝对平均的分配方式成为阻碍农村生产力发展的最大障碍，也成为造成农村贫困、制约农民可持续生计能力提升的重要体制原因。解决农村贫困，提高生活水平，越来越需要从体制机制改革入手推动。1978年12月18日，党的十一届三中全会召开，拉开了改革开放的序幕，成为我国历史上的重要转折点，我国农村进入了以体制改革推动扶贫的政策阶段，民族地区也同时进入了新的扶贫阶段。这一阶段，国家出台了一系列针对落后地区和民族地区发展的政策。

这一时期，先是对中国农村的经济体制进行改革。在土地制度变革方面，取消原来人民公社下的农业集体生产制度，实施家庭联产承包责任制度。这一变革极大地调动了农民的积极性，解放了农村的劳动力，提高了土地产出率，促进了农村经济的发展。在农产品交易方面，政府完善市场体系，提供宽松的投资环境，制度从以计划经济为主导的统购统销逐渐向市场化的交易制度转变。

3.2.2　民族地区特殊反贫困政策

同时，国家针对落后地区也采取了重点扶持发展的政策。1979年，党的第十一届四中全会通过了《中共中央关于加快农业发展若干问题的决定》，指出：针对西部与老少边远及民族地区，国家要成立专门委员会，调动一切力量，从财政、物质、技术上给这些地区重点扶持，帮助他们发展，脱贫致富。1978—1985年，我国正渐渐地把民族地区的脱贫工作转向长期的有计划的规划部署。在方针政策方面，颁发了一系列的政策文件，给予少数民族大力的支持。譬如，1981年6月，中共中央《关于建国以来党的若干历史问题的决议》强调要切实帮助民族地区发展经济文化。1983年12月，国务院召开的全国民族地区生产生活会议强调，力争在较短时期内基本解决民族地区部分群众的温饱问题、住房问题和饮水问题。除此之外，还有一系列扶贫的专项措施。这些政策具体表现在如下方面。

财政政策方面。1979 年 7 月 7 日，《国家民族事务委员会、财政部关于民族地区补助费的管理规定的通知》规定：由于特殊原因补助费当年使用不完的，可以结转下年继续使用。1980 年 2 月，国务院发出《关于实行划分收支、分级包干、财政管理体制的通知》，为满足"分级包干"发展生产和文化教育事业的需要，中央对少数民族自治区及云南、贵州、青海（民族八省区）实行收入全部留用和支大于收的数额由中央财政补贴的政策，补助数额 5 年不变，以 1979 年的 40.13 亿元为基数，每年递增 10%；过去在民族地区设置的 5% 机动金、比一般地区多设的预备费、一般补助费三项照顾政策均纳入地方包干范围；对于边远地区、民族地区、老革命根据地和经济基础比较差的地区，设立支援经济不发达地区发展资金，由中央专项拨款，不列入地方财政包干范围。1985 年 3 月 21 日，关于实行"划分税种、核定收支、分级包干"财政管理体制的规定，对民族自治区和视同民族自治区待遇的省，按照中央财政核定的定额补助数额，在最近 5 年继续实行每年递增 10% 的办法。20 世纪 80 年代，国家每年按照民族地区上年的经济建设事业费、社会文教事业费、行政管理事业费及其他事业费的支出决算数，另加 5% 的民族机动金[41]。对民族地区地方财政预算安排的预备费高一般地区 2%，其中自治区的预备费占当年支出总额的 5%，自治州占 4%，自治县占 3%[42]。另外，国家每年还拨出民族地区补助费（每年约 5 000 万）、边境地区基本建设专款和边境建设事业补助费[43]。

税收政策方面。1982 年 12 月 13 日国务院发布的《牲畜交易税暂行条例》，1984 年 9 月 18 日国务院发布和批转的《中华人民共和国产品税条例》《中华人民共和国资源税条例》《国营企业第二步利改税试行办法》、1984 年 9 月 28 日财政部颁发的《资源税若干问题的规定》等都专门提出了民族地区的特殊税收待遇政策。

工农业政策方面。1980 年 2 月 11 日，《农业部、商业部、全国供销总社、国家民族事务委员会关于鼓励杂居、散居禁猪的少数民族发展养羊、养牛和做好收购供应工作的通知》指出，要支持和鼓励禁猪民族发展养羊、养牛业，积极采取各种有效的生产、技术措施实行科学养畜，并认真做好收购和供应工作。1983 年 1 月 2 日《中共中央关于印发〈当前农村经济政策的若干问题〉》的通知强调了边远山区和民族地区的农业各项政策更加放宽，提出了牧区的生产、流通等各项经济政策。

边境建设事业补助费。1977 年中央财政开始设立边境建设事业补助费，规定当年规模为 4 000 万元，主要帮助边境民族地区经济社会事业发展。1997

年之后中央财政逐年增加费用规模，到 1983 年达到 1 亿元。从 1981 年起，中央每年安排 8 000 多万元用于边疆基本建设专项补助投资[44]。由于边疆地区大多是少数民族聚居地区，实际上这两项专款的大部分都安排在民族地区。

另外，国家还创造了一系列独特的方式加强对民族地区的发展扶持，主要有对口支援、以工代赈。

对口支援是根据我国实际情况、总结实践经验推出的一项政策创新，是发挥我国制度优势、推动共同富裕的一项特殊制度安排。1979 年 7 月，中共中央批准的全国边防工作会议的报告首次提出：组织内地发达省、市实行对口支援边境地区和民族地区，确定北京支援内蒙古，河北支援贵州，江苏支援广西、新疆，山东支援青海，上海支援云南、宁夏，全国支援西藏。确定了我国的各省市具体支援的对口安排，对边境地区、民族地区的发展起到了很大的作用，这些政策也被广泛运用于各部门以及重大项目之间的互助。1983 年 1 月，国务院批转了国家计委和国家民族事务委员会《经济发达省、市同民族地区对口支援和经济技术协作工作会谈纪要》（国发〔1983〕7 号），明确了对口支援工作的重点、任务和原则。之后，国家又重新确定上海支援新疆、西藏，广东支援贵州，沈阳、武汉支援青海。1984 年，中共中央召开第二次西藏工作座谈会，继续推动援藏工作走向深入，确定北京等 8 省市援助西藏 43 项工程。对口支援的领域不断扩大、内容不断创新，领域从经济向科教文卫等社会发展全领域覆盖，内容从经济援助向干部交流、边境贸易、发展外向型经济等全方面拓展。

以工代赈计划是一项旨在改善贫困地区基础设施的扶贫计划。该计划于 1984 年开始实施，展开的形式是：贫困地区的群众利用农闲季节投入修建道路和水利工程，中央政府以库存积压较多的粮食、棉花、布匹、日用工业品等实物对劳动者进行补贴。国家在安排"以工代赈"财政资金时，重点投放中、西部地区和民族贫困地区。通过以工代赈方式，极大改善了民族贫困地区的基础条件，为脱贫致富创造了良好的外部环境。

通过这一时期的系列扶贫政策，民族地区反贫困事业取得了很大的成效。民族地区的农业生产总值逐年增加，1983 年较之 1978 年上涨约 36%，年均增长约 6%①。这一时期党和政府对民族地区的政策向开发型政策转变，特别是"三西"专项建设列入国家计划，是典型的开发式扶贫。对民族地区政策制度的创新变革，获得了较好的效果，西南民族地区经济社会发展也取得了长足进步。

---

① 数据由 1986 年的《中国统计年鉴》中关于 1978 年和 1983 年农业生产方面的统计数据计算得来。

3.3 有组织有计划的开发式扶贫政策 (1986—1993 年)

1986—1993 年，我国实施大规模有组织、有计划的开发式深入扶贫政策。这一时期是我国市场经济体制改革发展的阶段，由于各地方资源禀赋、区位优势差异以及多种分配方式的出现，发展差距开始出现，减贫速度出现了下降和分化的趋势，这一时期国家出台的新扶贫政策重点强调区域性。政府在"七五""八五"期间实行了对区域的重点扶持政策，投入了大量的扶贫资金。因此，这一时期民族地区的贫困率在国家政策支持下明显下降，民族地区迎来了发展的良好时机。

3.3.1 全国一般性反贫困政策

1986 年，为更好推进农村减贫工作深入开展，我国政府专门成立了国务院贫困地区经济开发领导小组及其办公室（简称"扶贫办"），作为领导贫困地区经济发展和指导减贫工作的机构，该机构的职责是领导规划全国扶贫工作，从此掀开了我国农村减贫的新篇章。1986—1993 年，我国实施大规模开发式扶贫政策，这一时期党和政府将区域开发放在优先位置，采取了通过贫困地区的经济发展从总体上解决贫困问题的政策取向。

1986 年 6 月 26 日，国务院贫困地区经济开发领导小组第二次全体会议召开，决定加大对贫困地区的资金支持力度，在原来资金支持力度的基础上，新增加 10 亿元专项贴息贷款；从 1986 年开始，这 10 亿元贴息贷款每年发放一次，连续发放 5 年，而且允许跨年度使用。

1989 年 1 月 3 日，国务院贫困地区经济开发领导小组、中国农业银行、农业部、国家民族事务委员会关于 1988 年度牧区扶贫工作的通报针对一些贫困地区资金投放方向不精准、落实扶贫项目不得力，提出加强对贷款资金的管理，具体办法参照 10 亿专项扶贫贴息贷款的管理办法执行。为打好民族地区扶贫攻坚战，1989 年 8 月 28 日国务院批转执行国家民族事务委员会、国务院贫困地区经济开发领导小组《关于民族地区扶贫工作有关政策问题的请示》指出，要大力发展优势产业，切实放开农副产品销售，减轻负担，增强内部活力。1989 年以后，政府逐渐放松对农民跨区流动的限制性政策，支持农村发展劳动密集型产业为主的乡镇企业，促进了农村经济的快速发展，对扶贫工作也起到了积极效果。

总结这一阶段农村扶贫政策的重要特征，一个显著标志就是政府支出专项资金用于专项扶贫。在这些政策的综合作用下，反贫困取得了较大成就，贫困人口从1985年的1.25亿下降到1993年的7 500万[1]。但是，这一时期由于农村改革带来的先行红利逐渐用完，经济增长速度开始放缓，加之农村剩余贫困人口脱贫难度增加，这一时期贫困人口下降速度有所减缓，返贫现象有所增加。依据世界银行估算，1985—1989年甚至出现农村贫困人口绝对数增长700万的贫困反弹现象[45]。

3.3.2 民族地区特殊反贫困政策

3.3.2.1 对口支援政策继续推进

持续推进对民族地区的对口支援。为继续做好对民族地区的对口支援工作，1987年4月，中共中央、国务院批转的《关于民族工作几个重要问题的报告》专门就发达地区如何做好对民族地区的对口支援工作进行了指示。1989年9月召开的全国民族地区扶贫工作会议强调，国家和发达地区以及社会各界要继续加强对民族地区扶贫工作的支持。1991年12月16日国家民族事务委员会转发《全国部分省、自治区、直辖市对口支援工作座谈会纪要》，指出对口支援应按照"支援为主，互补互济，积极合作，共同繁荣"的原则进行。

3.3.2.2 放宽少数民族贫困县标准

1986年，国务院第一次确定了以县为单位进行扶贫，确定贫困县，对这些贫困地区进行重点帮扶。对于一般的贫困地区，将人均年收入低于150元的县设为贫困县。而对于民族自治地方县的标准则放宽了，低于200元即可被评定为贫困县。全国共有62个县被列为国家重点扶持的贫困县，其中民族自治地区共有51个，占比82%。而当时确定的331个国家重点扶持的贫困县中，民族贫困县有141个，占比42%[46]。再加上边境县，占比就超过国家贫困县总数的50%，可见国家对民族地区扶贫的政策倾斜程度。

3.3.2.3 设立扶贫专项贷款

基础设施建设专项贴息贷款。1992年3月国务院批转了《农业部关于促进乡镇企业持续健康发展的报告》，提出进一步推进贫困地区和民族地区乡镇企业发展，各级人民政府和有关部门要在政策、资金等方面给予更多的支持[44]。《国务院关于同意设立民族地区乡镇企业专项贴息贷款的批复》同意设

---

① 数据根据1985年和1993年《中国统计年鉴》中关于贫困人口的统计数据计算而来。

立民族地区乡镇企业专项贴息贷款。同时，为了支持农村的基础设施建设特别是给予民族地区贫困县照顾，1992 年国家设立了贫困县基本农田建设专项贴息贷款、贫困县水利工程项目专项贴息贷款。1993 年《国务院关于印发〈九十年代中国农业发展纲要〉的通知》提出大力扶持中西部乡镇企业发展，中国人民银行安排用于中西部地区和民族地区的专项贷款每年应适当增加，重点支持西部粮食主产区发展乡镇企业。除此之外，中央政府还规定了民族地区在安排基础建设项目时还要适当减免地方配套资金。

温饱基金专项贷款。国家民族事务委员会和中国人民银行于 1990 年 9 月21 日发布《少数民族贫困地区温饱基金人民银行专项贷款项目管理暂行办法》，规定中国人民银行每年从大跨度联合开发扶贫专项贷款中安排部分"少数民族贫困地区温饱基金"集中用于 141 个少数民族贫困县中的一二十个县解决群众温饱问题的项目。"温饱基金人行贷款"执行国家"老、少、边、穷地区发展经济贷款"的优惠利率，贷款期限一般为 1~3 年，特殊情况延长为 4~5 年，个别建设周期长、社会经济效益好的项目最长不超过七年。

牧区扶贫专项贴息贷款。1987 年，国务院召开全国牧区工作会议，制定落实了每年拨出 5 000 万元的牧区扶贫专项贴息贷款，集中用于牧区的贫困地区，并确定了 27 个重点扶持的牧区贫困县（其中 26 个县是民族自治地方）。1990 年 2 月 23 日，《国务院批转国务院贫困地区经济开发领导小组〈关于九十年代进一步加强扶贫开发工作的请示〉的通知》指出，中国人民银行"七五"期间每年安排由中国农业银行发放的 5 000 万元牧区扶贫专项贴息贷款和财政贴息再延长 10 年；确定了 27 个重点扶持的牧区贫困县（其中 26 个县是少数民族自治地方），将牧区的扶贫工作纳入全国扶贫工作的整体规划。同时，国家有关部门也积极扶持牧区建设，从 1986 年到 1993 年，中央和地方仅投放在内蒙古、新疆、青海三省（自治区）的"防灾基地"建设资金就达53 458 万元[47]，帮助这些地区进行以水、草、料、棚、饲料加工、牧民定居为主要内容的牧区基本条件和基础设施建设。

3.3.2.4 实施民族贸易企业的利润留成与优惠贷款政策

中国人民银行、国家民族事务委员会、财政部、中国工商银行、中国农业银行 1987 年 9 月 5 日联合下发《关于对少数民族贸易和民族用品生产贷款继续实行优惠利率的通知》，要求对民族地区生产贷款利率比流动资金贷款利率优惠 2.4%，即执行月息为 4.2‰。民族贸易和民族用品生产会议办公室 1991年 7 月 16 日印发《全国民族贸易和民族用品生产联席会议制度》，国务院委托国家民族事务委员会牵头，商业部、轻工部等十四个部组织民族贸易和民族用品生产联席会议，负责检查有关政策落实情况，制定发展规划和管理措施，研究、协调和解决工作中的重要问题。国家民族事务委员会、中国人民银行、财政部、商业部1991年8月5日发布《关于确定民族贸易县的通知》，调整后的民族贸易县（旗、市）为421个。中国人民银行1991年10月9日下发《关于民族贸易县贸易贷款实行优惠利率的通知》，规定民族贸易贷款年利率为5.76%，这比流动资金贷款年利率8.64%要低2.88个百分点，这个差额最终将分季返还给企业，规定原按年退息的改为按季退息，这项利息款补充流动资金的部分不得少于70%。同时，中国人民银行从1991年9月21日开始对这个2.88%的优惠利率给予中国农业银行相应补贴。

3.3.2.5　实施民族地区特需品政策

金银饰品是民族地区很多群众的重要特需品。国家民族事务委员会、中国人民银行、轻工业部于1988年5月31日联合下发《关于少数民族特需金银饰品生产和供应若干问题的通知》规定，所需金银指标实行比例分配，并且供应少数民族金银饰品的价格要合理，以确保少数民族特需金银饰品所需金银得到保障。同时，对金银饰品加工管理放款，《中华人民共和国金银管理条例》第二十三条就规定，边疆民族地区的个体银匠在获得县或县级以上中国人民银行以及工商行政管理机关批准后，可以从事加工和修理金银制品的业务。

国家民族事务委员会、国家税务局、中国人民银行、纺织工业部1991年7月8日联合下发《关于确定全国纺织系统民族用品定点生产企业的通知》。通知显示，全国确定了500家生产企业作为纺织系统民族用品定点生产企业，并对其减免税和优惠贷款的政策；国家民族事务委员会、国家税务局、中国人民银行、轻工业部1991年9月11日发布的《关于确定全国轻工系统民族用品定点生产企业的通知》中规定，要坚决贯彻落实定点生产企业的优惠政策，同时强调享受优惠政策的企业不能享受优惠政策后擅自转产。

3.3.2.6　实施边境贸易政策

20世纪90年代以来，国家对民族地区实施了一系列对外开放政策，以促进其经济社会发展。1984年12月15日国务院批转《边境小额贸易暂行管理办法》，规定边境小额贸易由有关省、自治区人民政府管理；边民互市贸易应当在一定的限额范围内进行，在限额以内的免征关税、产品税和增值税。1992年，国家先后开放了内陆省会（自治区首府）城市，并实施了沿边开放战略，确立13个沿边开放城市和241个一类开放口岸，设立了14个边境经济技术合作区。对中越边境地区实施战区恢复建设特殊政策，中央财政于1992年后每年拿出4 000万元作为战区恢复建设专项资金，补助给云南战区，以帮助遭受战争破坏的云南边境地区快速发展。

3.3.2.7　实施生态环境政策

1991 年 1 月 25 日国务院第七十七次常务会议通过的《大中型水利水电工程建设征地补偿和移民安置条例》、1993 年 6 月 29 日国务院第六次常务会议通过的《矿产资源补偿征收管理规定》专门有对民族地区生态环境保护的特殊政策。同时，国务院进一步完善退耕还林政策，优化对退耕农户的资金补助，既保护生态环境，又从长远解决农户生计问题。继续推进生态移民政策，对居住地基本不具备生存条件的特困人口实行易地搬迁。对西部一些经济发展明显落后、少数民族人口数量聚集较多、生态位置重要的贫困地区，巩固退耕还林成果专项资金要给予重点支持。

总结这一时期民族地区扶贫政策的特点可以看出，民族地区扶贫工作转向以政府干预为主的开发式扶贫，扶贫计划开始与区域开发计划相结合，具体行动则选择以贴息贷款为主的信贷扶贫。同时，这一时期的民族扶贫政策也更加具体，虽然同样有很大的倾斜照顾，但是却不再是大包大揽，而是注重民族地区提高自身的发展能力。一些制度化的政策文件的扶贫项目更能得以规范连续地实行。但同时，民族地区群众可持续生计能力还是很低，贫困问题在这一时期还是比较突出，西南民族地区也面临相同的问题，需要党和国家继续帮扶来进一步改变民族地区贫困落后的面貌。

3.4　扶贫攻坚政策阶段（1994—2000 年）

1994 年政府提出了《国家八七扶贫攻坚计划》，承诺在 20 世纪的最后 7 年时间里，基本解决 8 000 万农村绝对贫困人口的温饱问题。《国家八七扶贫攻坚计划》指出，要集中全国人力、财力、物力，实现解决 8 000 万农村绝对贫困人口温饱问题的扶贫计划目标。这一时期主要通过加强基础设施建设，帮助绝大多数贫困乡实现通电通路，帮助建立集贸市场，帮助基本解决人畜饮水问题，最后实现解决温饱、减少返贫的目的。

3.4.1　全国一般性反贫困政策

《国家八七扶贫攻坚计划》重新调整了国家重点扶贫县对象，放宽了标准，使享受优惠政策的民族贫困县增加了 116 个。以县为单位，按 1992 年国家原定的贫困标准，凡人均年收入高于 700 元的县，一律取消扶持，凡人均年收入低于 400 元，全部纳入扶持范围。国家重点扶持贫困县共有 592 个，其中民族贫困县有 257 个，占总数的 43.4%。西部民族地区的贫困县共有 366 个，占总数的 61%，覆盖了 5 408 万多的贫困人口，占当时全国贫困总人口数的 68%。除此之外，民族地区还确定了一批省（区）级贫困县。全国 18 个集中连片贫困地区中，属于边疆民族地区的就有滇东南江河、文山壮族苗族自治州、桂西北百色、甘肃定西市、内蒙古努鲁儿虎山地区、宁夏西海固地区、河池地区、九万大山地区等，上述地区的贫困人口占全国贫困人口的 50% 以上[48]。需要说明的是，两次国家级贫困县的划定均不包括西藏自治区，西藏实行政策单列，74 个县全部列为国家扶贫对象。

1996 年 6 月党中央召开全国脱贫工作会议，强调了减少贫困的重要性，确立了贫困比较集中的西部省份地区领导人扶贫工作的责任制。会议还强调扶贫工作要作用到具体贫困户上，要求对扶贫工作和资金利用加以更好的监督管理，具体措施包括制度建设、年度检查审计、村级发展计划、资金直接划拨到村等。1996 年 9 月中央扶贫工作会议又发布了《关于进一步加强扶贫开发工作的决定》，明确了扶贫攻坚已进入到决战阶段，到 2000 年末基本解决农村贫困人口温饱问题。

1999 年 9 月中央再次召开扶贫工作会议，这次会议再次强调了扶贫政策和扶贫目标不动摇，特别强调扶贫资金要优先利用在养殖业、小额信贷、粮食和经济作物品种改良等领域，以提高经济发展水平，务必要想尽一切办法，使当时仍然存在的 4 200 万贫困人口中的 2 000 万人在 2000 年底脱贫。根据这次会议指示精神，到 2000 年底，除大约 2 600 万丧失劳动能力的残疾人和居住在不具备基本生产生活条件地区的特困人口外，绝大多数贫困人口都已实现温饱[47]。

3.4.2 民族地区特殊反贫困政策

1994—2000 年，国家除了实施《国家八七扶贫攻坚计划》与《关于进一步加强扶贫开发工作的决定》等文件外，对民族贫困地区继续给予倾斜，除放宽享受优惠政策的少数民族贫困县标准外，还采取了一系列特殊政策促进少数民族贫困地区发展。

3.4.2.1 税收优惠

中央主要在投资、民贸、企业等领域加大对民族地区发展的税收优惠。在投资税收优惠政策方面，1992 年之后的很长时期，中央减免民族地区固定资产投资方向调节税。在民贸税收优惠政策方面，财政部、国家税务总局 1994

年发布《关于几个税收问题的通知》，对国家定点生产企业和经销单位经销专供少数民族饮用的边销茶免征增值税；1994 年 1 月 30 日国务院发布《国务院关于对农业收入征收农业税的规定》，对革命老根据地、民族地区、边远地区、贫困地区及其他地区中温饱问题尚未解决的贫困农户，纳税确有困难的准予免税。从 1994 年起，国家对收购边销茶原料的企业按减 10%的税率征收农业特产税（2006 年农业特产税被取消）。在企业税收优惠政策方面，1994 年 10 月 18 日《财政部、国家税务总局关于几个税收问题的通知》规定，对国家定点企业生产和经销单位经销专供少数民族饮用的边销茶免征增值税；1994—1997 年，国家规定"老、少、边、穷"地区新办企业减免所得税三年。

3.4.2.2 对口支援政策

1995 年 12 月 29 日《国家民族事务委员会关于进一步做好扶贫工作的通知》，强调抓好定点扶贫和对口支援工作；1996 年 7 月，国务院办公厅转发国务院扶贫开发领导小组《关于组织经济较发达地区与经济欠发达地区开展扶贫协作的报告》的通知确定北京与内蒙古，天津与甘肃，上海与云南，广东与广西，山东与新疆，辽宁与青海，福建与宁夏，大连、青岛、深圳、宁波与贵州开展扶贫协作。另外，继续动员中央和地方各部门发挥自身优势，在技术培训、承办项目、无偿支援等方面对口帮助贫困地区脱贫致富。1996 年 11 月 6 日，《国家民族事务委员会关于进一步做好定点扶贫工作的通知》规定，扶贫工作，实行国家、自治区、地（市）、县（旗、市）四级民族事务委员会负责制。

3.4.2.3 少数民族发展资金

少数民族发展资金是中央财政设立的一种支持民族地区发展的专项资金，建立之初被称为"新增发展资金"。它是 1992 年根据《国务院关于进一步贯彻落实〈民族区域自治法〉若干问题的通知》设立的，其规模为 6 000 万元。1998 年以前，它实行有偿使用，大部分用于民族地区基层的经济和社会发展。1998 年，根据财政体制改革的要求它改为无偿使用，同时改称为"少数民族发展资金"，当年资金规模为 3 亿元[49]。此外，还对少数民族贫困地区的银行贷款规模和化肥、柴油、农膜等农用生产资料的安排优先给予照顾。

3.4.2.4 转移支付

长期以来，我国各级政府对民族地区的财政转移支付高度重视并日益完善相关政策。1994 年，中央财政对民族地区实行政策性转移支付，规定每年从地方上交中央"两税"收入的增量中拿出一部分，对内蒙古、新疆、广西、宁夏、西藏 5 个自治区和云南、贵州、青海 3 个少数民族比较集中的省以及其他省的少数民族自治州实行政策性转移支付。

3.4.2.5 兴边富民政策

由于历史、自然等方面的原因，边境民族地区经济发展起步较晚，各项社会事业都相对滞后，与内地特别是沿海发达地区有很大差距。为此，1999年起，国家借西部大开发政策发起"兴边富民"行动，旨在加强边境基础设施建设和生态环境保护，改善边境地区生产生活条件，促进边境地区文化、教育、卫生等社会事业发展。1999年12月29日《国家民族事务委员会关于进一步推动"兴边富民行动"的意见》，强调要继续推进"兴边富民行动"，加强对135个陆地边境县（旗、市、市辖区）和新疆生产建设兵团的56个边境团场实行兴边富民发展，涉及190多万平方千米的国土面积和2 100多万人口。兴边富民试点工作从2000年开始开展，国家民族事务委员会和财政部在全国首先确定了17个试点边境县，中央财政每年安排5 100万元专项资金落实兴边富民行动方案。边境民族地区在"兴边富民"政策中收益很多。

3.4.2.6 民族贸易和民族用品生产专项贴息贷款

1997年10月24日通过的《中国人民银行关于民族贸易和民族用品生产贷款继续实行优惠利率的通知》规定，中国工商银行、中国农业银行对民族贸易和民族用品生产贷款实行比正常的一年期流动资金贷款利率低2.88个百分点的优惠利率政策。优惠利率贷款由贷款企业经当地民族事务委员会审核后向贷款银行提出申请，由贷款银行按信贷原则的要求确定和发放。除流动资金贷款优惠利率外，还有技术改造货款财政贴息和税收减免"三项照顾"政策。

这一阶段，由于"八七"扶贫攻坚计划的实施，再配合民族地区特殊的反贫困政策，民族地区的经济获得了较大的发展，反贫困取得了重大成就。五个民族自治区的贫困人口减少了约400万人，贫困发生率也下降到6.9%，人均收入大大提高[50]。政府扶贫政策在这一时期更加多元化，将多种手段结合并灵活运用；同时结合当地的资源进行项目开发，也进一步提高了民族地区贫困人民的自我发展能力。在这一扶贫阶段中，西南民族地区经济社会获得较大发展，群众实现生计可持续的能力得到普遍提高，为下一阶段的国家扶贫工作推进打下了坚实基础。

3.5 开发式扶贫政策发展阶段（2001—2012年）

进入21世纪，我国农村的扶贫开发面临着新的困难，解决少数贫困人口温饱问题，改善贫困地区的基本生产生活条件，需要做出更大的努力。为此，在总结多年的反贫困成功经验时，我国政府认为关键在于坚持了开发式扶贫模式。为了进一步推进开发式扶贫，《中国农村扶贫开发纲要（2001—2010年）》提出，把贫困人口集中的中西部民族地区等特困地区作为扶贫开发的重点，并强调要"密切结合西部大开发，促进贫困地区发展"。因此，在新阶段国家重点扶持特困民族地区，主要是为了解决民族地区深度贫困问题，同时将贫困村落作为扶贫的主要瞄准对象。

3.5.1 全国一般性反贫困政策

2001年以后，我国扶贫工作进入以彻底解决贫困问题为重心的深化发展阶段。2001年6月，国务院出台的《中国农村扶贫开发纲要（2001—2010年）》提出奋斗目标，是巩固温饱、加强基础设施建设、改善环境、改变民族地区经济文化落后状况，创造达到小康水平的条件。这时，农村反贫困虽然仍然叫"扶贫开发"，但扶贫工作重点与贫困瞄准对象已经做了重大调整。在扶贫工作中将全国的重点县开始放到西部地区，这一时期贫困村成为基本瞄准对象，这些贫困村并不一定来自重点县，使得扶贫资金覆盖到非重点县的贫困村。这一时期注重发展贫困地区的科教文卫事业，强调参与式扶贫，以村为单位进行综合开发和整村推进，不断增强内生脱贫动力。在城乡人口流动方面，开始放宽限制，把劳动力转移作为扶贫的一个重要途径，并采取积极促进劳动力转移就业的政策举措，使农村居民更容易转移到城镇地区就业。

从2005年3月开始，国家对《中国农村扶贫开发纲要（2001—2010年）》进行了中期评估，优先将民族贫困村纳入整村推进的扶贫开发规划，对贫困地区建立了劳动力转移培训网络，将150多万贫困人口转移到具备生存条件的地区，完成了4.51万个贫困村整村推进的扶贫开发规划。在这一扶贫开发进程中，培育了一批扶贫龙头企业，促进了农民增收和当地产业结构的调整。

2005年12月，国家颁发了《关于推进社会主义新农村建设的若干意见》，指出民族地区在经济社会发展中产生的困难和问题集中表现在农村，要求建设好社会主义新农村，加快民族地区小康建设步伐，进一步做好对民族地区的扶贫政策工作。

2007年10月召开的中国共产党第十七次全国代表大会明确提出了到2020年"绝对贫困现象基本消除"的奋斗目标，并对进一步做好扶贫开发工作提出了提高水平、提高标准的新要求。

2009年国家制定了新的扶贫标准，按照这个标准，扶贫范围进一步扩大了，民族地区农村低收入人口被全部纳入帮扶范围。另外，国家西部大开发战略深入推进，将 5 个自治区、30 个自治州、120 个自治县全部纳入了西部大开发范围或者参照西部大开发的有关优惠政策推进整体发展。

2011 年 3 月 16 日，中国政府门户网站发布的《国民经济和社会发展第十二个五年规划纲要》在第六章第三节明确提出"加大扶贫投入，逐步提高扶贫标准"，在第十八章第五节明确提出加大对民族地区和贫困地区的扶持力度，大力支持新疆、西藏以及其他民族地区的发展，在武陵山地区、滇西边境地区、南疆地区、青藏高原东缘地区等中西部集中连片特困地区，实施扶贫开发攻坚工程，实施互助、对口支援、以工代赈以及易地搬迁等政策。

3.5.2　民族地区特殊反贫困政策

3.5.2.1　提供民族地区专项扶贫资金

2001 年，国务院要求有关地区和部门对人口较少民族实行特殊扶持政策，中央财政从少数民族发展资金中安排人口较少民族发展补助资金。2004 年 4 月 13 日，中央领导明确批示，赞成把特困民族地区作为扶贫重点，在政策和资金上加大支持力度。2002—2004 年共安排 1.17 亿元。2005 年，国务院批准实施了《扶持人口较少民族发展专项建设规划（2006—2010 年）》，计划 5 年总投资 14.04 亿元。其中中央预算内安排 9.66 亿元，其他投资 4.38 亿元，规划项目总数 4 669 个。该规划实施 4 年来，实际共投入各项扶持资金达 25.06 亿元，其中，中央投资 15.72 亿元，占 63%；地方配套及其他资金 9.34 亿元，占 37%；安排各类扶持项目 8 065 个。同时，为支持 22 个人口较少民族发展，国家民族事务委员会和财政部于 2002 年在少数民族发展资金中专项安排 3 300 万元，建设项目 246 个，人口较少民族聚居地区受益人口 98.2 万人，其中有人口较少民族 34.5 万人，占 35.1%[49]。

3.5.2.2　继续"兴边富民"专项政策

2000—2005 年，中央财政累计投入兴边富民行动资金 3.68 亿元。2004 年继续推进"兴边富民行动"重点县工作，并投入少数民族发展资金 1.11 亿元[51]。2007 年 6 月 9 日，国务院施行的《兴边富民行动"十一五"规划》，以解决边境地区和广大边民的特殊困难和问题为切入点，以因地制宜、分类指导为基本方法，以加快边境地区社会主义新农村建设步伐和全面建设小康社会进程，努力实现富民、兴边、强国、睦邻目标，以加大扶持力度，采取有效措施为基本路径，通过持续的兴边富民行动，使得边境地区人民生产生活条件得到改善，地区经济和社会事业发展水平全面提高，边境地区与内地的协调程度进一步加深。实施兴边富民行动，对于富民、兴边、睦邻，巩固祖国的万里边疆，具有非常重要的意义。2009 年，中央财政在少数民族发展资金中安排"兴边富民"行动补助资金达 4.84 亿元，同时将"兴边富民"行动由试点扩大到全部 136 个边境县和新疆生产建设兵团 58 个边境团场。十年间，中央财政累计投入资金 15.09 亿元，其中安排西部地区 12.8 亿元[44]。

这一时期，我国的扶贫工作聚焦于民族地区的特困地区，扶贫工作成绩显著，贫困发生率逐渐下降，贫困人口持续减少。2013 年民族地区的贫困人口已经下降为 2 562 万人，贫困发生率从 2010 年的 34.1% 下降到了 17.1%，贫困面貌得到了很大的改善[52]。但是同时，由于民族地区的贫困问题复杂，深层次的矛盾较多，从全国来看其扶贫问题还是较为突出。

3.6 精准扶贫阶段（2013—2020 年）

针对不同贫困区域环境、不同贫困农户状况，为运用科学有效程序对扶贫对象实施精确识别、精确帮扶、精确管理，党的十八大以后党中央开始积极探索新的扶贫模式。习近平总书记在多个重要会议、重要场合深刻阐述精准扶贫的丰富内涵。党的十八届五中全会决定打响脱贫攻坚战，确定目标任务，明确精准扶贫作为脱贫攻坚的基本方略。由此，在全国范围内展开了以做到"六个精准"① 为根本要求、实施"五个一批"② 为实现路径、解决好"四个问题"③ 为根本目的的精准扶贫、精准脱贫实践。

精准扶贫理念提出不久，中共中央办公厅、国务院办公厅印发了《关于创新机制扎实推进农村扶贫开发工作的意见》提出了三条重要意见：一是深化改革，创新扶贫开发工作机制；二是注重实效，扎实解决突出问题；三是加强领导，确保各项措施落到实处。之后，国务院扶贫办等七部门联合印发《关于印发〈建立精准扶贫工作机制实施方案〉的通知》，细化了精准扶贫的内容，明确了精准扶贫的目标任务，即通过对贫困户和贫困村精准识别、精准帮扶、精准管理和精准考核，引导各类扶贫资源优化配置，实现扶贫到村到

---

① "六个精准"是指扶贫对象精准、项目安排精准、资金使用精准、措施到户精准、因村派人精准、脱贫成效精准。

② "五个一批"是发展生产脱贫一批、易地扶贫搬迁脱贫一批、生态补偿脱贫一批、发展教育脱贫一批、社会保障兜底一批。

③ 提高脱贫攻坚成效要解决的四个问题是"扶持谁、谁来扶、怎么扶、如何退"。

户，逐步构建精准扶贫工作长效机制，为科学扶贫奠定坚实基础。

2014年，中央财政扶贫资金对民族地区的投入大幅度提高，达到185亿元，占全国总投入的42.7%，资金总量比2013年增加了11.4%。民族地区启动实施了4 887个贫困村的整村推进项目建设，村均投入超过230万元[53]。截至2014年底，"十二五"期间中央和地方政府累计投入扶贫资金1 130亿元，用于支持民族地区以工代赈、贫困农户危房改造、易地扶贫搬迁等[54]。

2015年全国吹响脱贫攻坚战的号角，精准扶贫步入深化发展时期。2015年6月，习近平总书记在贵州召开的部分省区市领导干部"十三五"规划座谈会上提出扶贫开发工作的"六个精准要求"，即"扶贫开发贵在精准，重在精准，成败之举在于精准。各地都要在扶持对象精准、项目安排精准、资金使用精准、措施到户精准、因村派人（第一书记）精准、脱贫成效精准上想办法、出实招、见真效。要坚持因人因地施策，因贫困原因施策，因贫困类型施策，区别不同情况，做到对症下药、精准滴灌、靶向治疗，不搞大水漫灌、走马观花、大而化之。"[55]

2015年11月，中央召开扶贫开发工作会议。习近平总书记在会上强调要坚持精准扶贫、精准脱贫，重在提高脱贫攻坚成效。关键是要找准路子，构建好的体制机制，在精准施策上出实招、在精准推进上下实功夫、在精准落地上见实效。要解决好"扶持谁"的问题，确保把真正的贫困人口弄清楚，把贫困人口、贫困程度、致贫原因等搞清楚，以便做到因户施策、因人施策。要解决好"谁来扶"的问题，加快形成中央统筹、省（自治区、直辖市）负总责、市（地）县抓落实的扶贫开发工作机制，做到分工明确、责任清晰、任务到人、考核到位。要解决好"怎么扶"的问题，按照贫困地区和贫困人口的具体情况，实施"五个一批"工程。一是发展生产脱贫一批，引导和支持所有有劳动能力的人依靠自己的双手开创美好明天，立足当地资源，实现就地脱贫。二是易地搬迁脱贫一批，贫困人口很难实现就地脱贫的要实施易地搬迁，要按规划、分年度、有计划组织实施，确保搬得出、稳得住、能致富。三是生态补偿脱贫一批，加大贫困地区生态保护修复力度，增加重点生态功能区转移支付，扩大政策实施范围，让有劳动能力的贫困人口就地转成护林员等生态保护人员。四是发展教育脱贫一批，治贫先治愚，扶贫先扶智，国家教育经费要继续向贫困地区倾斜、向基础教育倾斜、向职业教育倾斜，帮助贫困地区改善办学条件，对农村贫困家庭幼儿特别是留守儿童给予特殊关爱。五是社会保障兜底一批，对贫困人口中完全或部分丧失劳动能力的人，由社会保障来兜底，统筹协调农村扶贫标准和农村低保标准，加大其他形式的社会救助力度。要加强医疗保险和医疗救助，新型农村合作医疗和大病保险政策要对贫困人口倾斜。要高度重视革命老区脱贫攻坚工作。这次会议之后，精准扶贫内容日益丰富和完善。精准扶贫的核心内容——"六个精准""解决好'四个'问题"和推进实施"五个一批"脱贫路径业已形成，精准扶贫方略日趋完善。

2015 年 11 月《中共中央国务院关于打赢脱贫攻坚战的决定》提出的目标是，到 2020 年，稳定实现农村贫困人口不愁吃、不愁穿，义务教育、基本医疗和住房安全有保障。实现贫困地区农民人均可支配收入增长幅度高于全国平均水平，基本公共服务主要领域指标接近全国平均水平。确保我国现行标准下农村贫困人口实现脱贫，贫困县全部摘帽，解决区域性整体贫困。

2016 年 12 月国务院印发了《"十三五"促进民族地区和人口较少民族发展规划》，针对制约少数民族和民族地区发展的突出短板和薄弱环节，提出了37 个工程项目，明确了"十三五"时期国家支持少数民族和民族地区发展的建设重点。《规划》强调，要针对少数民族和民族地区全面建成小康社会的重点难点问题，在财政、投资、金融、产业、土地、社会、环境、人才、帮扶等方面强化政策支持。

2018 年《中共中央国务院关于打赢脱贫攻坚战三年行动的指导意见》发布，指出要保证集中连片特困地区和革命老区、民族地区、边疆地区发展环境明显改善，深度贫困地区如期完成全面脱贫任务。

2019 年国务院扶贫开发领导小组印发了《关于解决"两不愁三保障"突出问题的指导意见》，旨在加强扶贫工作力度，使退出贫困人口的收入稳定超过国家扶贫标准且吃穿不愁，义务教育、基本医疗、住房安全有保障。

2016 至 2020 年，我国连续五年每年新增中央财政专项扶贫资金 200 亿元，2020 年达到 1 461 亿元，发挥了精准扶贫资金主渠道作用。同时，2020 年又一次性安排综合性财力补助资金 300 亿元，支持补齐挂牌督战地区脱贫攻坚短板弱项[56]。

2020 年 12 月 3 日，中共中央政治局常务委员会会议召开，习近平总书记指出，我们如期完成了新时代脱贫攻坚目标任务，现行标准下农村贫困人口全部脱贫，贫困县全部摘帽，消除了绝对贫困和区域性整体贫困，近 1 亿贫困人口实现脱贫，取得了令全世界刮目相看的重大胜利。

从上述回顾可以看出，从新中国成立以来，我国政府高度重视民族地区的社会经济发展和贫困问题的解决，在不同阶段，根据国家经济实力制定相应的促进民族地区全面发展、贫困人口持续脱贫的国家政策。特别是精准扶贫以来，党和国家坚持以人民为中心的发展思想，坚持全面小康路上一个民族都不能掉队的目标，加大力度对民族地区进行脱贫攻坚，实施一系列的民族地区脱贫攻坚特殊政策，使得西南民族地区在这一过程中整体面貌发生了深刻变化，基础设施、社会保障、科技、教育、文化、卫生等全面取得重大进步，西南民族地区群众可持续生计能力整体提升，为巩固脱贫攻坚成果、防止返贫、走上共同富裕打下了坚实基础。

3.7　本章小结

本章是从历史视角为西南民族地区脱贫户可持续生计实现机制的构建寻找历史经验。为从历史角度呈现民族地区实现可持续生计的不懈努力过程，本书基于国家保障农村低收入者基本生计、不断提高农民生活水平的政策内容演变的视角，梳理国家对民族地区施行的一般性和特殊性帮扶政策。

虽然国家主导实施有计划、有组织、大规模的反贫困政策是从改革开放后开始的，但是国家大力支持民族地区经济、社会、文化、教育等发展的倾斜性政策以帮助民族地区人口提升生计能力是从新中国成立就开始的。因此，新中国成立后，民族地区总体经历了小规模救济式扶贫政策阶段（1949—1977年）、体制改革推动扶贫政策阶段（1978—1985年）、有组织计划的开发式扶贫政策阶段（1986—1993年）、扶贫攻坚政策阶段（1994—2000年）、开发式扶贫政策发展阶段（2001—2012年）、精准扶贫阶段（2013—2020年）。西南民族地区在每一阶段都获得了较大发展，最后完成了消除绝对贫困的历史性任务。

通过历史性回顾，总结历史经验，要巩固脱贫攻坚成果，防止规模性返贫，构建脱贫户可持续生计能力实现机制，必须坚持在党的坚强领导下，发挥社会主义制度优势，制定对民族地区特殊的照顾政策，通过对民族地区和群众个体的大力支持，才能从长期实现西南民族地区经济可持续发展和人民群众生计能力可持续提升。

4 西南民族地区脱贫户可持续生计的现状描述

在脱贫户可持续生计的研究中，真实掌握脱贫户生计资本现况是一个重要环节。扎实做好这一工作，需要科学地制定调查方法，精心设计调查问卷，在可行性评估基础上科学确定调查范围和调查对象，同时还需要地方政府全力配合、大力支持，因此这是一项系统性的工作。

4.1 生计可持续的调查说明

我们为了将这一工作在已有条件下尽量做到完美，做了大量艰苦的工作。我们前后进行了两次大规模集中调查。第一次是 2019 年 6 月到 9 月，与西南交通大学关于西南民族地区贫困问题的课题组展开联合调查。课题组分了 2 个大组，由两位课题主持人分别在四川涉藏地区和广西河池市展开调查，其他调查员分成若干个小分队，分赴四川、广西其余地区和重庆相关民族自治县进行入户调查。第二次是 2022 年 5 月到 7 月，与四川大学相关课题组组成联合调查团，一个大队由专家带队赴云南进行调查，另外若干小组分赴贵州、西藏进行调查。同时，第二次调查期间，还广泛发动学生，通过各种途径，包括利用问卷星线上调查的方式进行问卷调查。

课题调查的具体情况如下。

4.1.1 调查的难点

在以往的调查中，我们发现一个比较突出的问题，就是不管脱贫户还是贫困户，在对家庭情况的问卷调查中，很多家庭成员会有意或者无意隐藏收入和家庭其他生计资本，让研究者不能准确掌握实际情况。其中的原因是多方面的。贫困户或脱贫户担心家庭实际收入和相关生计资本相对过剩，超过了国家帮扶的标准，会失去原来已获得的各种政府、社会组织、个人等力量的援助，所以可能会出现有意瞒报收入、家庭生计资本等相关情况，以呈现出还需要获得继续帮扶的"家庭形象"。此外出于中国多数人传统的"不显富露富"思想，怕招人嫉妒，会有故意隐藏自身真实的收入和家庭生计资本的现象。可以说，涉及家庭收入或生计资本相关情况的调查面临的问题是一个普遍性的调查难题。但同时，我们又注意到，在近几年脱贫攻坚过程中，在政府年年开展的脱贫攻坚成效验收和第三方评估中，部分地区工作人员为了防止贫困户有意隐瞒收入以及其他与脱贫指标相关的量，提前给贫困户做工作，希望贫困户的回答符合脱贫的标准，少数贫困户在调查中又会出现超出家庭实际收入和生计资本量的回答情况，使得调查数据在另一个极端上变得不真实。为了有效化解如此"左右为难"的尴尬，我们对田野调查制订了相应的方案。

4.1.2 调查的方法

首先是采取分层抽样的方法。西南民族地区范围较广，涉及四川、重庆、云南、贵州、广西等省、自治区和市，在现有约束条件下科学选取这些省（区、市）进行入户调查，是确保数据有效性的关键一步。我们按照全国集中连片特困地区和西藏、四省涉藏地区、新疆南疆四地州共 14 个脱贫攻坚主战场的范围，根据西南民族地区分布情况确定。

如表 4.1，在 14 个脱贫攻坚主战场中西南民族地区就占有 6 个，分别是秦巴山区、武陵山区、乌蒙山区、滇桂黔石漠化区、滇西边境山区、四省涉藏地区。其中云南省占得最多，有 4 个区域；第二梯队是四川、贵州，有 3 个区域；第三梯队是重庆，有 2 个区域；最少的广西，只有 1 个区域。同时结合各省（区、市）人数和聚集情况来确定调查的范围。我们首先将第一梯队中少数民族人口第二多且人口聚集较分散的云南省纳入调查范围。对于第二梯队，我们重点调查了少数民族人口相对集中的四川涉藏地区、四川凉山彝族地区，还有贵州的西南地区；然后选择第三梯队中的重庆市；最后选择脱贫攻坚主战场数量最少的广西壮族自治区和西藏自治区。

表 4.1　西南民族地区脱贫攻坚主战场情况

西南民族地区	秦巴山区	武陵山区	乌蒙山区	滇桂黔石漠化区	滇西边境山区	四省涉藏地区	人口/万人
四川	有		有			有	415
云南			有	有	有	有	1 200

表4.1(续)

西南民族地区	秦巴山区	武陵山区	乌蒙山区	滇桂黔石漠化区	滇西边境山区	四省涉藏地区	人口/万人
重庆	有	有					193
贵州		有	有	有			1 255
广西				有			1 800
西藏						有	340

其次是在选定的省（区、市）中确定样本量。对于四川、重庆、广西、云南、贵州、西藏，我们前后共调查样本数 2 000 多，其中四川调查样本数800 多份，占总体样本数的 40%左右。因为四川具有很多有代表性的民族地区，如四川涉藏地区的甘孜州、阿坝州，四川彝族地区凉山州，这些都是全国著名的深度贫困地区。同时还有四川宜宾苗族聚集地，这是四川最大的苗族聚集地。重庆和广西，一个是具有很多民族自治县和自治乡的直辖市，一个是以壮族为主的少数民族人口聚集地，入户样本数分别为 299 和 300，占比在 15%左右。在云南省我们做了 320 份问卷调查，占比 16%左右；在贵州黔西南和黔南地区做了 210 份问卷调查，样本占比 10%左右。在西藏做了 100 份问卷调查，占比 5%左右。其中云南、贵州、西藏的数据是最后一批次调查获取的数据。调查样本的具体情况见表 4.2。

表 4.2　样本分布情况　　　　　　　　　单位：个

省、区、市	民族县样本数	民族村样本数	贫困户（脱贫户）
四川	5	20	805
重庆	3	4	299
广西	5	7	300
云南	5	16	320
贵州	3	7	210
西藏	2	5	100

说明：四川凉山彝族地区和云南、贵州、西藏的调查样本是在 2022 年 5 月底和 7 月调查补充的，共计增加 807 个样本，同时还收集了大量关于凉山彝族地区和云南省怒江州和贵州西南部分地区的面上相关资料。

4.1.3　问卷设计

问卷根据本书研究的内容，按照调研家庭的基本信息以及家庭拥有的生计资本的情况、扶贫政策效果来设计。问卷共分为 8 部分，具体包括家庭及其成员基本信息，家庭拥有的人力资本、社会资本、物质资本、金融资本、文化资本、自然资本，政策效果。问卷共 14 页，覆盖的信息量丰富，反映家庭生计的信息完整，对于从微观层面分析脱贫户的生计可持续性具有重要意义。完成一份调查问卷平均耗时在 25 分钟左右，动用了大量调查人员。问卷具体内容见附录1。

4.1.4 具体样本选择

在一个省（区、市）范围内选取县后，如何确定村的样本和具体贫困户的样本，也是调查时慎重考虑的地方。因为贫困县的村与村之间也存在差异，特别是地理环境等自然条件形成的差异，也会导致村与村之间经济发展的不平衡；同时，即便是同一个村的不同村民之间，也会存在因各种原因导致的发展差异。为了尽量克服由于样本调查选择的偏差，我们在选择村时，按照与县城远近和具体位置方向，把村划分为"远""较远""近"三种距离类型以及在县城的东、南、西、北四个方向类型，然后在不同类型中选取村。对于村的贫困户，我们采取的是全覆盖调查，可以避免当地干部和向导选择性地给我们指定贫困户，影响数据的全面性。

研究西南民族地区脱贫户生计可持续，首先要掌握其生计资本状况，然后利用一定方法进行分析，得出其生计可持续性的基本判断。本书在制定严谨的调查方法基础上，进行了大量的数据调查，获得了关于生计资本相关的重要信息，这是研究分析生计可持续的重要基础。

4.1.5 样本有效性说明

本书采取分层抽样调查的方法，调查了西南民族地区四川、云南、重庆、广西、贵州、西藏等典型民族地区的共 2 034 个家庭样本。样本中，脱贫户样本为 1 443 个，占样本比重 71%，未脱贫户样本 530 个，占样本比重 26%，非贫困户样本 61 个，占样本比重 3%，脱贫户样本占到 70% 以上，超过了 1 000 个，符合对脱贫户进行专门调查的样本要求。同时，由经过培训的调查员对各个家庭接受访谈的成员进行一对一问卷调查或电话访谈。调查员会根据自己的现场判断对一些获得数据进行相应的处理，以保证收集到的微观数据可靠，可以用于统计分析。

4.2　调查样本的基本信息

4.2.1　地理状况与基础设施

地理状况反映居住的自然环境，这是人类赖以生存和发展的先天条件。如表4.3所示，从调查的贫困户所在村庄的自然地理类型看，64.27%的村庄是高山或山区村，22.1%的村庄是高原村，13.16%的村庄处于低山丘陵，仅有0.47%的村庄是平原村。这一信息反映了贫困户与其所处的村庄自然特征方面的一个显著关系：在西南民族地区，村庄地势与贫困有密切关系。地势起伏不平的高山峡谷村庄最容易发生贫困现象。在我们调查的贫困村样本中有一半以上均是这一类型，占比达到64.27%；海拔较高的高原村落也容易发生贫困现象；而地处山区丘陵地带的村落出现贫困现象的也不少；最不容易发生贫困现象的是平原村，在我们调查的样本中仅占0.47%。

表4.3　样本总体情况　　　　　　单位:%

调查村庄类型	低山丘陵村	高山/山区村	平原村	高原村
	13.16	64.27	0.47	22.1
村庄/社区的道路	柏油/水泥路	沥青混凝土路	砂石路	土坯路
	80.23	10.87	2.56	6.34
	有路灯		无路灯	
	50.02		49.98	
受访者	男性		女性	
	61.03		38.97	

说明：数据根据问卷调查统计而来。

基础设施状况往往与地理状况相关联，复杂多变的地理状况会影响到基础设施的修建和完善。从调查村落的道路基础设施看，在国家精准扶贫、精准脱贫战略实施后，贫困村（社区）道路条件发生了显著改观：80.23%的村落的通村公路是柏油路或水泥路，10.87%的通村公路是沥青混凝土路，但还有2.56%的通村公路是砂石路，6.34%的通村公路还没实现硬化，是土坯路。同时在这些通村公路中，只有一半稍多点的在道路两旁安装路灯以方便夜行，占50.02%，还有近一半的公路两旁没有路灯。

4.2.2　样本经济状况

经济是基础，经济状况决定脱贫状况。从调查员对调查村庄的经济状况评价来看，如果按照 10 分制打分，得分在 0~3 分的，判定为经济状况差；得分在 4~5 分的，判定为经济状况较差；得分在 6~8 分的，判定为经济状况中等；得分在 9~10 分的，判定为经济状况较好。按照这个标准，最后打分结果统计发现（表 4.4），在所有调查村中经济条件差的占比并不高，只有 3.32%，较差也只占 6.94%，绝大部分村庄经济条件属于中等，占比达 83.02%，经济条件较好的占比也不高，只占 6.72%。当然，我们必须考虑到，这种打分是基于调查员根据自己接触的信息综合判断的，带有很强的主观性，并不一定真实反映客观情况，它只是从直观层面给出了一个判断：虽然贫困户已经脱贫，贫困村已经退出贫困序列，但村整体经济发展水平还没达到完全支撑村民可持续生计的水平，大部分退出贫困村的经济状况属于中等条件，退出贫困村经济发展任务还很重。

表 4.4　样本的经济状况　　　　　　　　　单位:%

差	较差	中等	较好
3.32	6.94	83.02	6.72

说明：数据根据问卷调查统计而来。

4.2.3　样本家庭信息

家庭具体信息是重要微观数据。从调查家庭类型来看，在我们调查的 2 034 多个家庭样本中，脱贫户占到 70.93%，占了整个样本的三分之二以上，对于我们研究脱贫户可持续生计具有很好的支撑作用，同时也反映了西南民族地区的脱贫攻坚进入关键时期，已经取得了绝对性胜利，绝大多数贫困户已经实现了脱贫目标。但同时也应该看到，我们的样本中还有 26.05% 的未脱贫户，这是剩下来的"贫中之贫、坚中之坚"，脱贫难度极大，脱贫后可持续生计能力也不强，只有更加努力和扎实地工作才能有显著成效。为了便于比较，我们还选择了部分非贫困户进行调查，占比达到 2.99%。这部分群体从识别标准来看不符合精准帮扶要求，一般认为他们具备生计可持续的能力，因此没有任何特殊的扶贫政策照顾。同时，在非贫困群体中，我们也发现了极少部分因变故如突然受伤、生病等原因丧失了劳动能力而陷入了贫困，但贫困动态调整还没及时跟上的漏评户，即本身事实上也处于贫困状态，但在我们的精准扶贫数据库中还没将其识别纳入进来，需要更加及时的贫困动态调整加以覆盖。这部分占比不高，仅为 0.03%，从大数定律来看，也是符合统计学规律的。受访者家庭信息的统计见表 4.5。

表 4.5　受访者家庭信息的统计　　　　　　　单位:%

项目	1 人	2 人	3 人	4 人以上
家庭内党员数占比	5.01	0.31	0.13	0.04
家庭成员数占比	7.21	8.52	39.41	44.86
非农产业家庭成员数占比	31.56	23.12	7.23	2.86
务农家庭成员数占比	35.27	28.32	6.21	3.22
家庭学生数占比	27.12	24.23	8.21	3.56
高中文化程度以上家庭成员数占比	23.08	7.82	1.87	0.13
家庭丧失劳动力人数占比	24.21	8.12	0.54	0.28
未成年成员数占比	24.78	25.35	6.51	3.58
老年成员数占比	26.56	18.15	0.83	0.05

说明：数据根据问卷调查统计而来。

4.2.4 "摘帽"时间

脱贫"摘帽"时间计划安排是确保有序脱贫、实现全面"摘帽"的重要保障。从"摘帽"时间来看（表 4.6），各地不同类型贫困户根据计划在 2020 年之前分批全部实现脱贫。通过调查数据统计可知，西南民族地区的贫困户有近一半的人数集中在 2016 年和 2017 年脱贫，其中 2016 年脱贫占到 21.96%，2017 年脱贫占到 24.86%，总和占比达 46.82%。时间越往后面走，脱贫难度越大，都是要"啃硬骨头"的攻坚战。我们看到，2019年"摘帽"的人口占7.21%，2020年"摘帽"的人口占比达18.37%，说明越到后面，越需要我们去攻坚克难，实现贫困人口的全部脱贫。特别是2020年收官之年还有数量较大的贫困人口，他们的脱贫关系到全面建成小康社会目标的顺利实现，是一个重大的政治考验，也是必须要完成的硬任务。同时，又遇到了新冠病毒疫情这个"黑天鹅"事件，对我国经济社会发展造成了重大影响，为收官之年的这一场硬仗又增添了不少难度。

表4.6　脱贫摘帽时间计划

摘帽年份/年	2014	2015	2016	2017	2018	2019	2020
脱贫占比/%	4.28	9.87	21.96	24.86	13.45	7.21	18.37

说明：数据根据问卷调查统计而来。

4.2.5　样本民族构成

西南民族地区是一个同时包含汉族和一些人口较少民族的地区。从调查数据统计看，贫困人口中，除了人口较少民族同胞，还包括汉族同胞，他们一起构成了西南民族地区的脱贫人口。对这些少数民族人口进行统计分析，有助于我们研究不同民族在经济社会发展过程中的不同特征。图4.1将西南民族地区中的不同民族占比用柱状图呈现出来，结合表4.7，可以看到，虽然我们研究和调查的是西南民族地区，但是从调查和统计结果看到，就单一民族来看，汉族贫困人口仍然占到了我们调查人口的最大比重，达到13.53%。但是从汉族和其他少数民族人口总和来看，汉族人口占比还是较少，贫困人口还是以人口较少民族为主，达到86.47%，体现出了民族地区的特点。在这80%以上的人口较少民族贫困人口中，藏族人口的占比是最高的，达到15.18%；其次是壮族人口，达到13.06%；然后是土家族、彝族、苗族、独龙族、满族、景颇族、瑶族、蒙古族及其他一些人口较少民族。在数据调查能够反映总体样本情况的前提下，我们可以得出这样一个结论：在民族地区各民族中，包括汉族在内，都存在一定比例的贫困人口，说明民族贫困地区贫困人口产生的主要原因并不在于民族差异，而在于他们所处地方特殊的经济社会发展历史和自然环境状况及其他一些致贫因素。如果民族身份本身导致了贫困，那么就无法解释为什么还有这么大比重的汉族人口也贫困。这提示我们，西南民族地区反贫困政策要以改变西南民族地区区域发展环境和个人家庭环境为主，以提高经济社会发展水平为主。

表 4.7　样本民族构成情况

民族	汉族	藏族	蒙古族	苗族	独龙族	壮族	彝族	土家族	满族	景颇族	瑶族	其他
占比/%	13.53	15.18	3.22	8.24	5.36	13.06	9.28	12.65	5.12	4.15	3.32	6.89

说明：数据根据问卷调查统计而来。

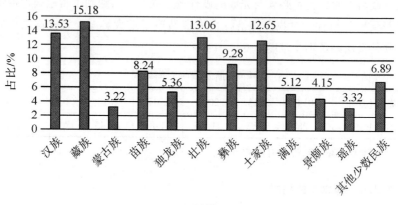

图 4.1　样本中不同民族的占比

说明：数据根据问卷调查统计而来。

4.3　人力资本的调查统计分析

人力资本是贫困家庭从根本上摆脱贫困的关键性资本。人力资本包括通过教育形成的附着于人体之上的知识技能和文化技术水平、身体素质、在劳动和人的流动过程中形成的经验等。本书按照人力资本的含义及其形成途径，对贫困户人力资本状况进行了全面调查。调查以教育人力资本和健康人力资本为主，经过统计分析，发现西南民族地区贫困户的人力资本是严重不足的。其中，教育人力资本不仅在总量上不足，在结构上也存在失衡情况，但令人欣慰的是家庭下一代子女的教育人力资本普遍提高了，受过高中教育的比例明显增加。而健康人力资本缺乏是这些贫困家庭人力资本不足的又一重要表现，大量贫困户存在不同程度的因残疾、慢性疾病等原因导致的家庭劳动力受损、医疗负担加重，这是致贫的主因之一和今后可持续生计能力提升的主要障碍。

4.3.1 教育人力资本

习近平总书记高度重视教育脱贫的功能，把"通过教育脱贫一批"作为"五个一批"工程的重要内容，将其上升为指导精准扶贫精准脱贫的重要途径之一。国家同时把保障贫困户子女不因贫困而辍学作为扶贫过程中对扶贫干部等责任主体的重要考核指标之一。

本书对贫困户家庭成员受教育情况做了详细的调查。对受访者受教育程度、他（她）的配偶（如果已婚）受教育程度、他（她）的父母受教育程度、他（她）的家庭成员最高学历情况都做了调查，对这些信息的统计情况见表4.8。

表4.8　贫困户受教育程度情况　　　　单位:%

受教育程度	受访者	受访者配偶	受访者父亲	受访者母亲	家庭成员最高学历
文盲	24.73	31.09	75.15	72.23	9.55
未上过学，但识字	3.28	2.25	3.58	4.28	2.18
小学	41.32	41.37	18.19	19.32	24.29
初中	23.42	21.94	2.36	4.17	28.75
高中	3.38	2.25	0.72	0	15.63
中专/中职	0.79	0.77	0	0	2.85
大专/高职	1.47	0.13	0	0	7.38
大学本科	1.61	0.2	0	0	9.16
硕士及以上	0	0	0	0	0.21

说明：数据根据问卷调查统计而来。

从受访者受教育程度看，24.73%的是文盲，3.28%的没有上过学但能认识少量字，41.32%的只上了小学，综合来看就是近70%的受访者只有小学及以下学历。总体而言，受教育水平低，说明西南民族地区人力资本十分欠缺。同时，受教育情况呈现一个规律，就是学历越高，受访者比例越低。完成初中学历教育的受访者有23.42%，完成高中学历教育的有3.38%，大专或高职学历教育的有1.47%，大学本科学历教育的有1.61%，但是接受硕士研究生及以上学历教育的为0。这一情况在受访者配偶身上具有相似性。受访者和配偶一般是家庭户主或者主要劳动力，他们的人力资本情况对于整个家庭的发展和生计具有重要作用。比如,如果他们是主要劳动力,在人力资本严重缺乏的情况下,他们的就业竞争能力明显不足,就业不稳定,收入自然就低。家庭主要劳动力收入来源不稳定和收入低,是整个家庭难以脱贫的重要因素。如果受访者是年迈的户主,他们的人力资本低,家庭就容易陷入贫困,而这种因人力资本不足造成的贫困又容易在代际传递,致使家庭难以脱贫。

从受访者的父母受教育水平来看,人力资本更不足。受访者父母 70% 以上都是文盲,5% 左右是没上过学但能认识少量字,20% 左右是小学学历,3% 左右是初中学历,接受了高中学历教育的极少,父亲占比 0.72%,高中以上学历教育的为 0。贫困家庭受访者父母的人力资本不足,是受时代条件限制——在他们那个年代教育的普及程度以及大家对教育的重视都远不及现在;而这也对子代的人力资本形成产生了制约,他们由于接受的教育不多,可能会限制他们的思维和眼界,甚至会影响到对子代的教育重视程度,从而产生了人力资本的代际传递,对家庭贫困也有一定程度的影响。

从家庭成员最高学历来看,占比最高的是初中学历,比重达 28.75%,排位第二的是小学学历,占比高达 24.29%,令人比较欣慰的是,家庭成员最高学历高中的占比较大,在 15.63%,家庭成员最高学历为大学本科的占比在 9.16%,家庭成员最高学历为大专或高职的占比 7.38%,这说明贫困家庭现在对教育的重视程度明显提高,家庭成员最高学历在提升,而且这些最高学历的家庭成员一般都是正在接受教育的学生。这些孩子将来是家庭的希望,他们能够接受更好的教育,具有更充足的人力资本,对于家庭未来的生计和发展将起着非常重要的作用。

另一个让人瞩目的现象就是不管是受访者还是配偶或者家庭成员,学历为中专/中职的比例非常低,受访者及其配偶接受中专/中职学历教育的比例之和不到3%,这个比例甚至低于相应群体接受大专/高职和大学本科教育的比例。在家庭成员最高学历中,接受中专/中职学历教育的比例比接受大专和大学本科学历教育的比例更低。对西南民族地区贫困受教育程度的统计反映了当前我们国家劳动力市场需求与人才教育层次设计的匹配度不够好,中职和中专这个层次的教育在社会中的吸引力太低,另一方面也反映了西南民族地区普通老百姓对中职和中专也存有偏见,不愿意花时间和物质成本去接受这种类型学历教育。

4.3.2 健康人力资本

健康人力资本是与人的身体健康状况息息相关的,这是人的最基础的人力资本,关系到人的能力能否正常发挥。

从调查样本来看（表 4.9），大量贫困户成员存在健康问题。可以看出，21.38%的贫困户有家庭成员是残疾，这是以实际持有残疾证书为标准统计的，可能还存在部分残疾人员因鉴定程序繁琐或其他原因没有证书而没统计在内的，因此实际上有残疾人的贫困户比例可能还高于这个数据。除了残疾这一影响人力资本的重要因素外，还有慢性疾病的困扰，这不仅让家庭成员深受病痛折磨，失去劳动力，同时还因长期治疗而使家庭背负相应的医疗负担，可能使家庭陷入长期困境。在我们的统计样本中，有 40.89%的贫困家庭，其成员长期患有慢性疾病。

表 4.9　家庭成员健康状况　　　　　　　　单位:%

身体状况	家庭成员占比	受访者父亲占比	受访者母亲占比	受访者配偶占比	受访者女儿占比	受访者儿子占比	受访者占比
残疾	21.38	6.59	5.38	4.41	0.78	1.09	3.81
慢性疾病	40.89	11.27	10.65	8.29	0.96	1.02	7.61

说明：数据根据问卷调查统计而来。调查所指的慢性疾病是高血压、冠心病、糖尿病、恶性肿瘤、肺部疾病等。

家庭中的什么成员患有慢性疾病，对于家庭影响大小是不同的。比如家庭的支柱性劳动力患有慢性疾病，无疑会使家庭失去主要经济收入，对于家庭影响巨大。而老人和小孩患有慢性疾病，则可能拖累到家庭其他劳动力的就业，家庭其他劳动力必须拿出一定时间来照顾病人，同时也还要承担一定治疗费用，但没有影响到主要劳动力就业，对家庭冲击相对较小。从调查统计结果来看，家庭成员中年龄较大的父母健康问题比较突出。在有健康问题的家庭中，大概有 6.59%的家庭父亲是残疾，5.38%的家庭母亲是残疾。大概有 11.27%的家庭父亲患有慢性疾病、10.65%的家庭母亲患有慢性疾病。这说明年迈的父母是家庭人力资本不足的一个重要原因。家庭成员年轻或者未成年者，身体状况较好。统计显示，有 0.78%的家庭女儿是残疾、1.09%的家庭儿子是残疾。另外，有 0.96%的家庭女儿患有慢性疾病、1.02%的家庭儿子患有慢性疾病。而对于受访者本人或其配偶来说，也存在一定比例人员的健康状况堪忧。如有 3.81%的受访者是残疾、4.41%的受访者配偶是残疾，有 7.61%的受访者及 8.29%的受访者配偶表示自己有慢性病。

从这些贫困家庭健康人力资本的调查情况来看，整体而言，家庭的健康人力资本是不足的，不少家庭成员或多或少存在一定程度的健康问题，这是当时家庭致贫的重要原因之一。

4.4　自然资本的调查统计分析

家庭所处的地理环境，所处地域拥有的矿产资源、生物资源状况，距离中心市场的距离等，对家庭生计与发展有重大影响。这些因素构成了影响家庭生计与发展的自然资本。调查统计发现，西南民族地区贫困户拥有的重要自然资本不足，主要表现在处于距离县域经济发展中心较远地区，参与当地经济发展的自然条件缺乏；核心自然资源禀赋差异较大，体现为矿产资源缺乏，生物资源丰富，水资源基本充沛。但是由于地理环境等因素，各种自然灾害发生频率也较高，生物资源转化为生计能力的难度较大，具体情况见下面分析。

4.4.1　距中心市场距离

在县域经济中，县城就是市场中心，是商品、服务交易活跃的场所。所处村庄或社区离当地最近的县城的距离，反映一个地方离当地物质、文化、信息等交流中心的距离，影响着该地物质集散、文化传播、信息交换的便利度。距离越远，说明地理位置越偏僻，一般经济、文化等各方面发展就越落后。本书专门调查了贫困户所处村庄或社区离当地县城的距离，把这些距离按照一定的范围进行统计，见表4.10。在我们调查的贫困户中，有10.18%的贫困户所处的村庄或社区离县城距离在0到5千米之间，这是距离县城最近的区间范围，属于县城郊区，村民在这个范围内能够比较方便从事一些小商小贩的工作，能够方便地把农家产出的东西销售到市场去。贫困户所处村庄或社区离县城在5到10千米范围内的占比达到0.75%。村庄或社区离县城在10到15千米范围内的贫困户占比最大，为25.36%。在不通公路的条件下，从山区丘陵地带到县城进行一些商贸活动是很不方便的。在15到20千米范围内的其次，占比在24.59%，距中心的半径距离更远。离县城大于20千米的共占比39.12%，这说明很多贫困户所在的村庄或社区地理位置偏僻的，在很大程度上影响了这些村庄地区的整体经济发展。另外，还有11.89%的贫困户所在村庄或社区距离县城距离大于40千米以上。上述这些情况总体表明，加强贫困地区基础设施建设如实现村村通公路的极端重要性，这对于拉近贫困村落和中心市场的距离，促进贫困地区商贸往来、货物集散、信息交流意义重大。

从整体看，贫困户距离县域中心距离较远，80%以上在10千米以上，而距离在30千米以上的占比高达20%多，反映了西南民族地区很多贫困户位置偏僻，参与和融入中心经济的自然条件不足，这是自然资本先天欠缺的一个重要方面。

表4.10　村庄/社区与县政府的距离

距离/千米	(0~5]	(5~10]	(10~15]	(15~20]	(20~25]	(25~30]	(30~40]	40以上
村庄或社区/%	10.18	0.75	25.36	24.59	12.38	5.69	9.16	11.89

说明：数据根据问卷调查统计而来。

4.4.2　自然资源禀赋

地区矿产资源是地区经济发展的重要禀赋。正所谓靠山吃山、靠水吃水，一地独特而又丰富的资源，往往是当地经济发展的压舱石。我们在对这些贫困户的调查中发现（表4.11），贫困村或社区有一个基本特点，缺乏明显的独特而又丰富的矿产资源的比例高达80.21%，他们没有任何矿产资源可以依靠，只能靠当地生物资源维持经济发展。即便是有少部分村庄所在地有部分矿产资源，比如我们的调查中有0.15%的村庄附近有煤矿、0.19%的村庄附近有非金属矿、11.72%的村庄附近有铁矿，2.26%村庄附近甚至还有金银矿，但是这些矿产资源没有开发的比例占到38.71%。这既与当地地理位置偏僻有关，也与现在国家的环保政策有关。

表4.11　村庄/社区所在地主要矿产资源　　　　单位:%

矿产资源情况	没有矿产资源	煤矿	铁矿	金银矿	非金属矿	水气矿
拥有这些资源的村庄或社区占比	80.21	0.15	11.72	2.26	0.19	5.47

说明：数据根据问卷调查统计而来。

目前，在经济发展的同时要求保护绿水青山。所以利用和开发生物资源，走独具特色的产业发展之路，是当前贫困地区产业发展的重要选择。如表4.12，有85.12%的贫困村有林（果）木生物资源。这是农村地区最为传统的生物资源，在产业发展上，这些地区可以打好果林牌，实现产值的增加。有51.29%的贫困村有中药材生物资源，中药材生物资源有的是当地本身早已存在，有的是后面根据当地自然条件经过引育发展出来的。中药材是增加收入的重要生物资源。有41.02%的贫困村有禽畜生物资源，这一般也是根据当地环境发展出来的，如养猪、养鸡等产业，是当地脱贫增收的一条重要路子。另外，还有0.39%的贫困村有丰富的水产动植物资源，这些一般是天生的，后续发展需要在更好保护的基础上实现可持续开发。

表4.12　村庄/社区主要生物资源　　　单位:%

生物资源	林（果）木	中药材	畜禽	水产动植物	其他
拥有这些资源的村庄或社区占比	85.12	51.29	41.02	0.39	0.53

说明：数据根据问卷调查统计而来。

水资源是一个地区生产生活的重要资源。缺水、少水是一些地区比如我国的西北地区整体贫困的重要原因。在我们调查的西南民族地区，基本不存在缺水问题。调查发现（表4.13），有15.52%的村庄水资源十分丰富，要么有大江大河流过，要么雨水充沛，还可以依靠水资源发展水产养殖业。有49.21%的村落水资源比较丰富，除了生产生活用水外，还可以满足其他多种需要。有21.04%村庄水资源丰富程度一般，但通过打水窖、修水渠等措施，满足生产生活是没问题的。只有1.55%的村庄水资源比较匮乏，这些地方一般是海拔高，或者处于山顶处，一遇上连续的干旱，就会缺水，影响正常的生产生活。十分缺水的村庄在整个西南民族地区基本不存在。

表4.13　村庄/社区水资源　　　单位:%

水资源情况	十分丰富	比较丰富	一般	比较匮乏	十分匮乏
拥有这些资源的村庄或社区占比	15.52	49.21	33.72	1.55	0

说明：数据根据问卷调查统计而来。

从以上统计总体来看，西南民族地区贫困户所在地自然资源不平衡，矿产资源比较缺乏，生物资源较为丰富，水资源也基本充足，这些自然资源特征决定了这些地区今后的发展路径应该是保护生态环境，结合民族特色，以开发和利用生物资源为主，不断夯实经济发展基础。

4.4.3　自然环境与自然灾害

村庄所处的自然地理位置和环境面临的自然灾害，往往成为很多贫困户致贫的原因。一场自然灾害，可能让一个幸福的家庭一下子陷入绝境，这成为长期贫困不能脱贫的重要因素。因地制宜，根据自然灾害发生情况，制定针对性的保护措施，防止自然灾害对农户的冲击，是预防因灾致贫的重要手段。在我们调查的样本中，有一半以上的村庄发生过不同程度、不同类型的自然灾害。

见表 4.14，有 18.12% 的村庄有地质滑坡灾害，比如有村庄在每年夏季大雨时期，要发生 2-3 次；有 11.23% 的村庄，有泥石流发生，比如有的地方一年可能会发生 2 次左右；有 5.78% 村庄遭受洪水袭扰，有的地方是每年夏季都会发生；有 4.47% 村庄有旱灾发生，特别是春季容易发生春旱；有 5.01% 的村庄有水土流失；有 7.38% 的村庄遭受春冻和霜冻灾害。这些自然灾害，有些与当地的自然环境和地表形态有关，如泥石流，水土流失滑坡等；有的与海拔高度和地理纬度等有关，如春冻、霜冻。但总体来看，这些自然灾害，有的是可以通过人类活动加以控制的，比如我们加强生态保护，注重植被、草地的修复，防止滥砍滥伐，就可以在一定程度减少滑坡、泥石流、水土流失等自然灾害。当然，有的地方自然灾害发生频率过大，就可以考虑易地搬迁，实现长久摆脱特殊自然灾害的侵扰。有的可以通过加强水利设施修建，疏通建设水渠等措施，防止洪水、干旱等自然灾害发生。

表 4.14　村庄或村庄附近常见的自然灾害

自然灾害	滑坡	泥石流	洪水	旱灾	水土流失	春冻/霜冻	无自然灾害
发生村庄占比/%	18.12	11.23	5.78	4.47	5.01	7.38	48.01

说明：数据根据问卷调查统计而来。

4.5　物质资本的调查统计分析

物质资本是生计资本的重要组成部分，是人们从事生产生活必须依靠的最早的一种资本。从本书调查统计结果来看，贫困家庭的物质资本种类在不断丰富、结构在不断优化，但也存在一些问题。家庭住房改善明显，院坝配套面积宽裕，人们对于住房基本满意；贫困家庭拥有政策性的承包地，这些地绝大部分处于自主经营状态，较少流转出去；家庭物资种类不断丰富，从生活消费品到生产性工具都是如此。但是影响脱贫稳定性因素仍然存在，这就是贫困户补贴收入占比较大，而且大部分贫困户没有从事工商业等经营业务。这些统计情况具体见下面分析。

4.5.1　家庭住房

住房是最基本的物质资料之一，是保障基本生活正常进行的必要条件，是实现可持续生计的重要物质资本。住房是衡量一个人生存条件是否达到基本下限的重要因素，不管从伦理道德还是从人类生产力发展水平的现实条件来看，住房是否安全和有保障都是反贫困的重要参考指标。另外，住房是否安全有保障也成为一个人能否很好发展的重要影响因素。没有住房，就难以形成稳定的生活，不仅对人的生活产生重要影响，也会对人的生产活动起到很大的制约作用，同时对人的心理也会产生强烈的影响，这些都会对人的生存和发展产生潜在影响。

调查发现，70%以上的贫困户对自己的住房十分看重，而且这种倾向在四川涉藏地区表现得尤为突出。90%以上贫困户有这种思想认识。他们首先是把住房作为生存生活所需，认为有了稳定、安全的住房，他们生产生活才能有基本保障，他们才能安心从事维持生计和实现家庭发展的各项活动。另外，他们中很多人还把住房视为财富和地位的象征，尤其是在四川涉藏地区，富丽堂皇的房子会被视为对个人地位和成就的展示。所以四川涉藏地区农村居民有一个显著特点，就是家庭往往都会把很多资产投入住房建设，有的甚至是几代人连续不断地建设同一栋住房。房子建设得非常漂亮，但可能家庭其他生计资本与住房资本没有形成协调发展，因此还不能单凭住房来判断四川涉藏地区居民的贫富状况。在我们调查的四川涉藏地区贫困户中，有29.23%左右的贫困户住房条件是非常好的，都是楼房（二层土木房或二层石木房），已经在一定程度上超出了住房安全有保障的标准，但实际上其中很多家庭还存在不同程度的生计可持续问题。

基于住房在人的生存发展中的重要性，我国在精准扶贫精准脱贫过程中把住房安全有保障作为重要的脱贫硬指标，视为"摘帽"必须达到的门槛，贯穿于整个脱贫攻坚过程。在问卷的调查中，可以发现贫困户的住房基本达到安全有保障的标准。表4.15是调查贫困户样本中房屋的总体情况。统计发现，第一，现在13.06%的贫困户居住的或家里拥有的是1层砖瓦房，这是20世纪90年代到2000年农村最常见也是当时比较好的一种建筑形式，整个房屋以青砖、黑瓦为主要材料，地基是青石为主，房屋垂直高度适中，通气性好，冬暖夏凉，相对于过去农村低矮不透光的茅草土坯房有了很大改善，居住舒适度也有了明显提升。第二，有20.12%的贫困户的房屋是1层土木方，这是农村比较传统的一种房屋，至今保存的这类房屋一般是祖上传承下来的。这类房屋以比较优质的木材搭起框架结构作为主体，屋顶是青瓦，墙壁以竹材料混合泥土填充，整个房屋看起来比较有历史感。至今保留有这类安全住房的农户，说明其祖上在当地家境是比较殷实的，房屋一代一代传下来，在传承中得到保护，至今保留较好。第三，更多的贫困户居住或拥有的是 1 层混凝土房，占比达37.59%。这类住房以现代比较流行和耐用的水泥混凝土和钢筋作为主体框架的材料，具有防震功能。居住这类房子的贫困户一般是以前的房子无法保障住房安全，在脱贫攻坚过程中，按照政策要求重新修建住房；或者是以前居住条件对于脱贫十分不利，而易地搬迁由政府统一修建安置的。第四，还存在占比不小的贫困户的家庭住房是楼房的，在我们的调查样本中比例高达29.23%。这类贫困户一般有两种情况，一是像四川涉藏地区农村居民对房子有着特殊的情感，在经历几代人持续不断地往房子里投入后，建成了比较"气派"的楼房，但是可能其他资本相对贫乏，家中甚至因建房还负债较多，在生产生活中一旦遭遇风险冲击，就陷入贫困；二是部分家庭曾经家庭收入可观，日子比较好过，因此按照当时条件修建了一栋楼房，但是由于社会保障不健全，家庭主要劳动力遭遇意外，或者家庭成员发生较大变故，如生病、致残，家庭丧失了维持生计的主要劳动力，或者是背负了沉重的债务，陷入贫困。第五，调查中发现目前还居住破旧的茅草土坯房的贫困户已经不存在了，说明我们整个精准扶贫精准脱贫在解决贫困户住房安全问题上已经取得了很大成功。

虽然目前贫困户住房均已达到脱贫标准，但是住房还存在质量上的差异；同时，贫困户对自己住房的评价也还存在心理差异。我们在对贫困户的住房调查中让贫困户对自己住房好坏进行自我评价打分，给定满分 5 分，让他们在 0 到 5 分之间对住房按照自己心理预期任意打分。结果（见表 4.15），有44.18%的贫困户对自己住房还是比较满意，打分在 3~4 分。这从贫困户视角说明我们的脱贫攻坚在解决住房这一块还是比较成功的，得到了贫困户的基本认可。对自己住房不是很满意的比例为0.89%，但是根据调查员对这类贫困户住房的现场观察，住房基本还是达到了安全有保障的标准。除极少数住房确实质量还有很大改善空间外，多数住房被认为不满意是源于贫困户对住房的心理预期较高，现实与预期存在差距。有 29.06%贫困户对自己住房打分在 2~3 分，基本上是满意的，有6.91%贫困户对自己住房打分在 1~2 分，认为还可以更好。也有 18.96%的贫困户认为自己的住房已经非常好了，达到心理预期了。

表 4.15　受访农户房屋情况

房屋类型情况				
房屋类型	砖瓦房	混凝土房	土木房	茅草房	楼房
占比/%	13.06	37.59	20.12	0	29.23
居民对自己房屋好坏评判统计情况（打分）				
房屋打分 X/分	$X \leqslant 1$	$1 < X \leqslant 2$	$2 < X \leqslant 3$	$3 < X \leqslant 4$	$4 < X \leqslant 5$
占比/%	0.89	6.91	29.06	44.18	18.96
家庭人均拥有房屋+院子面积统计情况				
家庭人均房屋面积+院子面积 X/平方米	$X \leqslant 20$	$20 < X \leqslant 35$	$35 < X \leqslant 50$	$50 < X \leqslant 65$	$X > 65$
占比/%	28.17	41.27	16.19	3.85	10.52

说明：数据根据问卷调查统计而来。

　　农村家庭住房前面一般还配有院子或地坝，一般是用于晒粮食，或者圈养家禽，发展庭院经济。家庭人均拥有住房和院子面积从物质资本层面一定程度上也能反映家庭生计能力。从调查统计可以看出（见表 4.15），拥有房屋和院子面积人均在 20 平方米的家庭占比 28.17%；多数家庭人均面积为 20~35 平方米，占比在 41.27%；35~50 平方米的占比 16.19%；人均面积为 50~65 平方米的占比为 3.85%；人均面积 65 平方米以上的占比 10.52%。在住房安全保障基本达标的情况下，人均面积达到上述统计情况，说明农村人均住房和院子面积是基本能够满足农村家庭日常的生产工作需要的。

　　从房屋产权情况看，99% 的贫困户完全拥有自己住房的产权；极个别贫困户的房子是租的，而且他们家庭经济收入稳定，能够支撑房租费用；0.6%的贫困户是免费住用别人房子，这些房子一般是亲戚朋友的；还有 0.4%贫困户是住在完全由政府修建的房屋中，没有个人房屋产权，但可以一直享有居住权，这类贫困户一般是农村的五保户或者孤寡老人。

　　从以上统计分析可以看出，贫困户的自住房改善较大，所有住房都已达到了安全标准以上，且房前院坝配套面积宽敞，农户对自己住房基本满意，说明在物质资本中的住房这一块在脱贫攻坚中得到了较大提升。

4.5.2　工商业经营

　　在对家庭物资资本的调查中，我们专门针对贫困户工作情况中是否从事工商业经营进行了调查。工商业经营可以看作物质资本的载体，可以反映一个家庭重要收入来源，是影响比较大的一个指标。如果一个家庭在从事工商业经营的活动，一般这个家庭的绝对收入都应该不会太低；家庭出现贫困，多半与家庭人口多、有丧失劳动力人口、有长期患病人口等因素有关。在对贫困户问卷访谈中，我们设置的工商业经营项目有：租赁、运输、网店、超市、农家乐、酒店、旅馆、饭店、农产品加工生产、小微企业等。

从收集的问卷中发现（见表4.16）只有2.40%贫困户目前正在从事工商业经营活动，这些经营活动层次比较低，投入成本不高，回报快但收益偏低。接近85%的人是个体户，主要经营形式有餐馆、小卖部、鞋店、水果摊等；还有13%的人是没有固定经营形式的，看什么赚钱就买卖什么，一般成本低，收益也不高。还有2%的人在固定经营形式和无固定经营形式之间频繁转换。他们基本上都不雇佣工人劳动，经营规模非常小，以自己劳动力为主。调查中，从事工商业经营的这些人都表示，较初期而言，目前的经营收入都有增加了，其中90%的人认为收入增加了很多，10%的人认为收入增加了较多。说明这些贫困户在经营过程中不断积累经验，增强了自身的经营能力，收入在不断提高，生计能力在不断增强。

表4.16　从事工商业经营项目情况　　　　　　　单位:%

项目	是	否
目前是否从事工商业经营项目占比	2.40	97.60
曾经是否从事工商业经营项目占比	1.25	98.75

说明：数据根据问卷调查统计而来。

进一步调查，询问为什么愿意或能够从事工商业经营项目。见图4.2，从事工商业经营的人中有超过一半认为能够挣到更多的收入，这类人占比达到57.14%。说明市场经济条件下，只要贫困户能够发挥自己主观能动性，积极作为，抓住市场带来的机会，是能够为家庭带来收入的。还有24.18%的工商业经营项目从业者认为选择这样的途径更灵活、更自由，便于自己照顾家庭，特别是照顾小孩和老人。也有9.18%的人认为是由于自己没有找到更适合、更好的工作，最后自谋生路，才找到这样的工作形式。这从侧面反映出就业形式是多种多样的，外出务工就业如果不理想，通过积极努力，找到适合自身特点的工商业经营项目，也能够创造收入。当然，也有部分人是想当老板，享受独立自主、不受人制约的这份自由，最后从事了这样形式的工作，这类占比达到

6.41%。调查中发现，还没有人工商业经营项目是由于继承家业或别人赠予。这实质上是一个很明确的信号，那就是工商业经营项目只要能够持续下去，就不会产生子代贫困的现象。也就是说如果父辈在从事工商业经营项目，家庭就不会产生贫困从而使得子代陷入贫困，需要政府帮扶。

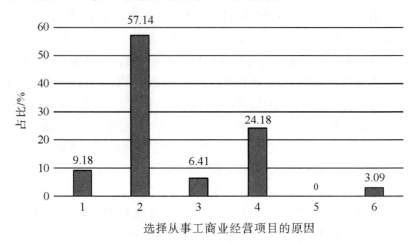

图 4.2　选择从事工商业经营项目的原因

注：1 表示找不到更好的工作机会；2 表示从事工商业经营能挣得更多；

3 表示想自己做老板；4 表示更灵活、自由；5 表示继承或赠予；6 表示其他原因。

说明：数据根据问卷调查统计而来。

对于目前没有从事工商业经营项目的贫困户，我们想了解的是他们是否曾经从事过这类活动，如果从事过，为什么最后放弃了。结果发现，在回答目前没有从事的贫困户中，仅有 0.5% 的贫困户表示曾经他们从事过，之所以后面放弃了，主要原因有二：一是身体不行，不能从事这些工作了；二是挣不了钱，还亏本，就没做了。

4.5.3　家庭补贴收入

（1）各类补贴收入情况分析

贫困户一般每年都会从政府获得各种补贴，这构成其收入的重要组成部分。政府补贴收入一方面提高了贫困户收入水平，有利于其改善生产生活条件，快速达到脱贫标准。另一方面，也应该看到政府补贴越高，贫困户的政策性收入越多，一旦脱离帮扶政策，在其生计能力没有提升的情况下，其贫困脆弱性就越强，返贫的风险也就越高。当前农村贫困户的政府补贴收入一般有特困户补助金、独生子女奖励金、五保户补助金、抚恤金、救济金、赈灾款、食物补贴、退耕还林补助、低保补助金、教育补贴、住房补助等形式，每一种补贴既有特定的政策含义，对于可持续生计能力又有一定的指示意义。

在我们调查的贫困户中（见图4.3），只有2.73%的人口没有获得政府补贴收入，这部分人口应该是贫困户中可持续生计能力已经培育得很好的，即使将来脱贫政策全部退出，他们依然有能力维持现状和不断获得更好发展。

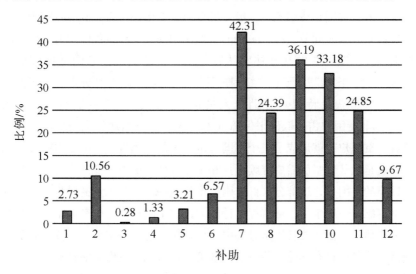

图4.3　调查户获得补助情况

注：1表示没有获得，2表示特困户补助金，3表示独生子女奖励金，4表示五保户补助金，5表示抚恤金，6表示救济金、赈灾款，7表示食物补贴，8表示退耕还林，9表示低保补助，10表示教育补贴，11表示住房补助，12表示其他补助）

说明：数据根据问卷调查统计而来。

特困户补助金。这是政府给予特困户的补助金。特困户是指人均年收入处于特困线以下的家庭。特困户是贫困户中贫困程度比较深的一类，一般这些家庭存在主要劳动力致残达到1-2级，或者主要劳动力长期患病或因残造成家庭生活特别困难，家庭人均收入在特困线以下。特困补助金，体现了我们扶贫政策的差异性，以救急纾困为主，专门针对一般性帮扶都难以使其达到现有正常生活水平的贫困群体。在西南民族地区调查样本中，有10.56%的贫困户享受了政府特困补助金，这说明贫困户中至少有10.56%是深度贫困人口，家里存在劳动力残疾或者长期患病情况，影响了家庭收入的获得，必须依靠政府特殊政策帮扶，才能获得生存发展机会。这一定程度反映了西南民族地区整体贫困脆弱性强、返贫概率高的特点。

低保补助金。这是政府对家庭住房和收入明显低于当地标准的居民给予一定生活补助的资金。低保家庭经济条件要好于特困家庭，但是比当地普遍认为应该达到的经济水平要低。在脱贫攻坚过程中，低保制度是保障贫困户在贫困期间能够过上一般人认为的经济生活水平的重要制度，是维持贫困户正常生产生活、全力与贫困斗争、最终摆脱贫困的过渡性制度。另外，在脱贫攻坚过程中，要求所有贫困户按照脱贫标准对标退出，对于还没有达到脱贫标准、但已到脱贫摘帽验收时间节点的，采用的是低保兜底政策，以保障所有贫困户都能对标退出。从图 4.3 中 9 号柱状图可以看出，贫困户中享受低保政策的占36.19%，这一比例高出了获得特困户补助金比例约 25 个百分点。这里面有相当部分人口与获得特困户补助金人员重合。排除 10.56% 的特困户，还有25.63% 的非特困户需要低保来保障其家庭人员达到当地标准的生活水平。整体来看，贫困户中就形成了三个不同贫困程度的贫困群体：一是 10% 左右的特困户，这是脱贫攻坚后需要继续帮扶和生计可持续能力最低的人群。二是需要低保保障的贫困户，这部分人群贫困程度要低些，但是仍然需要政府生活补贴才能基本维持一般生活，可持续生计能力还需不断培育，脱贫摘帽后也是容易返贫的群体。三是在脱贫攻坚过程中，生计能力已经基本形成，依靠脱贫攻坚中的相关扶贫项目和其他一些一般性政策，暂时无须政府生活补贴，就可以达到脱贫标准的群体。他们贫困程度最低，脱贫摘帽后，只需要巩固提升，就可以实现长期脱贫，这部分人群占贫困户比例为 63.81%。这是根据特困户补助金和低保补助金数据得出的直观结论，具体还需要结合数据和实际情况进行更加细致的推算和分析。

特殊政策补贴项目。针对特殊群体的特殊补助一般有独生子女奖励金、五保户补助金以及抚恤金等。独生子女奖励金是在计划生育政策实施时期，对积极贯彻党的生育政策、一对夫妇只生一个孩子的家庭的奖励金。这一比例在贫困户调查中仅为 0.28%（见图 4.3 中 3 号柱状图），说明在没有放开"二胎"政策之前，绝大多数贫困户实际上已经不止生育一个孩子。这一方面与我国在民族地区的生育政策有关，即允许一些民族地区比如四川涉藏地区可以不受计划生育政策限制，另一方面也反映了"多子多福"的思想在一些民族地区的农村还比较普遍，抚养负担甚至成为有些家庭致贫的原因之一。

五保户补助金。根据《农村五保供养工作条例》，五保户补助金是给农村中无劳动能力、无生活来源、无法定赡养扶养义务人或虽有法定赡养扶养义务人但义务人无赡养扶养能力的老人、残疾人和未成年人的生活补助。这部分人群是农村最弱势群体，也是通过所有正常的扶贫手段都无法实现自主脱贫和生计可持续的，必须要国家兜底的群体。在我们的调查中，西南民族地区五保户比例高达1.33%（见图4.3中4号柱状图）。这部分群体，除了未成年人以外，其他都需要长期依靠国家救济才能获得基本生活条件。这说明西南民族地区有较大部分需要靠国家政策兜底的弱势群体。

抚恤金。抚恤金是发给伤残人员或死者家属的费用。西南民族地区贫困户调查样本显示享受抚恤金的比例为3.21%，比五保户比例还高，说明西南民族地区有些家庭脆弱性比较高，发生伤残和伤亡事故对家庭影响比较大，也说明加强农村社会保障制度建设来抵御各种意外风险的重要性。

住房补助。这是针对家庭住房存在安全隐患，没有达到住房安全有保障的条件，鼓励农户修缮或修建住房的资金补贴。这一比例在我们的调查中为24.85%（见图4.3中11号柱状图），说明在精准扶贫过程中，确实还存在为数不少的贫困户住房没有达标。

在我们调查的贫困户中，还有很多贫困户获得了食物补贴，比重较高，达到了42.31%（见图4.3中7号柱状图）。要正确看待这一数据。并不是有这么高比例的贫困户因为吃饭存在问题而获得食物补助，主要是因为贫困户在精准扶贫体制下，都存在对口帮扶人、对口帮扶单位，帮扶人和帮扶单位在关心和慰问贫困户过程中，每当逢年过节，都会或多或少礼节性地带些礼品，比如菜油、大米、面粉之类的作为慰问品，赠送给贫困户，以加深相互之间感情，更好开展扶贫工作。另外，四川涉藏地区还存在比例较大、补助金额较高的退耕还林补助，这是生态保护地区生态建设的重要政策。

（2）整体样本补贴收入情况

为了研究贫困户获得收入中有多大比例的补贴收入，我们对西南民族地区所有调查户进行了统计，也分区对四川涉藏地区、广西壮族自治区、四川宜宾苗族聚居地、重庆土家族民族地区进行了统计（见表4.17）。

表4.17 补贴收入调查情况   单位:%

获得补贴在总收入中占比分析					
$X \leq 10$	$10 < X \leq 20$	$20 < X \leq 30$	$30 < X \leq 40$	$40 < X \leq 50$	$X > 50$
39.64	12.35	10.08	8.61	7.24	22.08
四川涉藏地区政府补贴在总收入中占比统计					
$X \leq 10$	$10 < X \leq 20$	$20 < X \leq 30$	$30 < X \leq 40$	$40 < X \leq 50$	$X > 50$
15.70	6.81	8.37	7.85	8.86	52.41

表4.17(续)

广西壮族自治区政府补贴在总收入中占比统计					
$X \leqslant 10$	$10 < X \leqslant 20$	$20 < X \leqslant 30$	$30 < X \leqslant 40$	$40 < X \leqslant 50$	$X > 50$
29.00	20.50	14.50	14.50	9.50	12.00
四川宜宾兴文县苗族聚居地政府补贴在总收入中占比统计					
$X \leqslant 10$	$10 < X \leqslant 20$	$20 < X \leqslant 30$	$30 < X \leqslant 40$	$40 < X \leqslant 50$	$X > 50$
59.12	9.43	10.06	6.29	2.52	12.58
重庆土家族及其他民族地区政府补贴在总收入中占比统计					
$X \leqslant 10$	$10 < X \leqslant 20$	$20 < X \leqslant 30$	$30 < X \leqslant 40$	$40 < X \leqslant 50$	$X > 50$
52.86	15.71	5.00	3.93	3.57	18.93
四川凉山彝族地区政府补贴在总收入中占比统计					
$X \leqslant 10$	$10 < X \leqslant 20$	$20 < X \leqslant 30$	$30 < X \leqslant 40$	$40 < X \leqslant 50$	$X > 50$
17.74	8.17	8.62	6.44	8.65	50.38
云南怒江州政府补贴在总收入中占比统计					
$X \leqslant 10$	$10 < X \leqslant 20$	$20 < X \leqslant 30$	$30 < X \leqslant 40$	$40 < X \leqslant 50$	$X > 50$
25.74	9.01	8.26	10.12	11.49	35.38
黔西南布依族苗族自治州政府补贴在总收入中占比统计					
$X \leqslant 10$	$10 < X \leqslant 20$	$20 < X \leqslant 30$	$30 < X \leqslant 40$	$40 < X \leqslant 50$	$X > 50$
25.96	8.89	8.16	11.12	13.49	32.38

说明：数据根据问卷调查统计而来。

在整个西南民族地区调查样本中，补贴收入在贫困户整体收入中的占比是相当高的（见表4.17）。比如，补贴收入占整个收入比重超过一半的贫困户比例高达22.08%。也就是说，五分之一的贫困户，其家庭收入有一半以上是补贴。这些补贴有的可能是长期性的，比如退耕还林、五保户补助等，有的是暂时性的，是随政策调整和条件变化而改变的，如低保补助金、教育补贴等收入。一旦失去了这些补贴收入，这么多的家庭的收入可能就会大大减少，直接影响到家庭生活情况，影响到脱贫的稳定性，需要高度关注这一问题。进一步分析，发现补贴收入占家庭总收入比重低于10%的家庭比例为39.64%，说明有60%以上的家庭的补贴收入超过了家庭总收入比重的10%。具体结构为：补贴收入占总收入10%～20%的家庭比重为12.35%，补贴收入占总收入20%～30%的家庭比重为10.08%，补贴收入占总收入30%～40%的家庭比重为

8.61%，补贴收入占总收入 40% ~ 50% 的家庭比重为 7.24%，补贴收入占总收入比重大于 50% 的家庭有 22.08%。

（3）四川涉藏地区样本补贴收入情况

具体到较小的范围进行考察，发现四川涉藏地区这一问题尤为突出。我们的样本统计发现（见表 4.17），四川涉藏地区有超过一半以上的贫困户其家庭收入 50% 以上部分来源于各种补贴，这类贫困户比例高达 52.41%。这一信息一定程度反映了四川涉藏地区贫困户收入的不稳定性，其收入过多来源于各项补贴，缺乏自主收入支撑，在脱贫攻坚后如何拓展这类群体获得收入的渠道以及增强其获取收入的能力和机会，是四川涉藏地区抑制返贫需要重点解决的问题。同时，也从另外一个角度表明对四川涉藏地区的扶贫必须采取有别于其他地区的特殊政策，才能确保脱贫不返贫；特别是脱贫后，如何保持扶贫政策的稳定性，如何实现脱贫摘帽前后扶贫政策的有机衔接，是当前四川涉藏地区需要研究的前瞻性问题。

另外，把四川涉藏地区补贴收入占总收入比重以 10% 为区间进行排位，然后统计各区间人数占比，发现一个非常明显的特征，那就是贫困户人数占比随着补贴收入占比下降基本上也呈现下降趋势。除了上段所说的补贴收入占比大于 50% 的贫困户占比达 52.41% 外，补贴收入占比在 40% ~ 50% 的贫困户占比为 8.86%；补贴收入占比在 30% ~ 40% 的贫困户占比为 7.85%；补贴收入占比在 20% ~ 30% 的贫困户占比为 8.37%；补贴收入占比在 10% ~ 20% 的贫困户占比为 5.86%；补贴收入占比小于 10% 阶段贫困户占比为 15.7%。这里面只有补贴收入占比在 20% ~ 30% 以及小于 10% 两个阶段的贫困户占比不符合总体趋势特征，其余数据都符合这一趋势特征，这进一步凸显了四川涉藏地区贫困户收入构成不符合长期稳定脱贫的要求，大多数贫困户补贴收入占比过高，这些贫困户脱贫后在一定程度上依然具有贫困脆弱性。在完成脱贫摘帽后，四川涉藏地区贫困户在住房安全、医疗保障、教育保障、饮水安全等方面应该是比较稳定的，后续培育可持续生计能力的工作重点在于使他们拥有稳定收入。

（4）广西壮族自治区样本补贴收入情况

在广西壮族自治区样本中（见表 4.17），补贴收入占比大于 50% 的贫困户比例与四川涉藏地区相比大大下降了，为 12%。这一数据从根本上反映了这两个民族地区收入构成的本质差异，四川涉藏地区绝大多数贫困户依靠补贴收入达到收入脱贫线，广西壮族自治区贫困户收入构成明显改善。但还是可以看出，补贴收入比重大于 10% 的贫困户占比达到 71%，补贴收入比重大于 20% 的贫困户比重达到 50.5%，补贴收入比重大于 30% 的贫困户比重达到 36%，补贴收入比重大于40%的贫困户比重达到21.5%。这说明广西壮族自治区虽然补贴收入占总收入50%以上的贫困户比例不大,但是补贴收入占总收入20%以上的贫困户比例仍然很高。因此,对广西壮族自治区的脱贫收入稳定性工作仍然需要继续加强。

(5) 四川凉山彝族地区样本补贴收入情况

通过对四川凉山彝族地区样本的补贴收入分析,发现它与四川涉藏地区在结构上有许多相似之处(见表4.17)。四川凉山彝族地区也有超过一半以上的贫困户的家庭收入50%以上来源于各种补贴,这类贫困户比例高达50.38%。这说明与四川涉藏地区一样,四川彝族地区贫困户收入不稳定,其收入过多来源于各项补贴,缺乏自主收入支撑。

同样,对四川彝族地区补贴收入占总收入比重以10%为区间进行排位,然后统计各区间人数占比,数据仍然呈现贫困户人数占比随着补贴收入占比下降而下降的趋势。补贴收入占比在40%~50%的贫困户占比为8.65%。补贴收入占比在30%~40%的贫困户占比为6.44%,补贴收入占比在20%~30%的贫困户占比为8.62%,补贴收入占比在10%~20%的贫困户占比为8.17%,补贴收入占比小于10%的,贫困户占比为17.74%。这说明四川彝族地区作为深度贫困地区,在收入来源结构上还需要不断优化,以增强彝族群众自主获得收入的能力。

(6) 云南怒江州样本补贴收入情况

云南怒江州人口以傈僳族为主,占州人口一半以上,其他还有独龙族、白族、怒族、藏族、汉族、彝族等人口较少民族。从表4.17可以看出,补贴收入在10%以下的贫困家庭占比为25.74%,这一比例高于四川涉藏地区和四川凉山彝族地区。从关键指标来看,补贴收入50%以上来源于政府补贴的贫困户数量占比为35.38%,说明以政府补贴收入为主要收入来源的贫困户数量不少。补贴收入占比在40%~50%的贫困户占比为11.49%,补贴收入占比在30%~40%的贫困户占比为10.12%,补贴收入占比在20%~30%的贫困户占比为8.26%,补贴收入占比在10%~20%的贫困户占比为9.01%,补贴收入占比小于10%的贫困户占比为25.74%。

(7) 黔西南布依族苗族自治州样本补贴收入情况

贵州黔西南布依族苗族自治州境内分布有布依族、苗族、回族、汉族等35个民族,是贵州省人口较少民族聚集较为集中地区,也是脱贫攻坚的重要战场。对这一地区的样本收入调查发现与云南怒江州有相似特征。首先是关键指标补贴收入占总收入一半以上的比例与怒江州接近但略低于怒江州,为

32.38%，说明以政府补贴收入为主要收入来源的贫困户数量不少。补贴收入占比在 40%~50% 的贫困户占比为 13.49%，补贴收入占比在 30%~40% 的贫困户占比为 11.12%，这两项指标高于云南怒江州；补贴收入占比在 20%~30% 的，贫困户占比为 8.16%，补贴收入占比在 10%~20% 的贫困户占比为 8.89%，这两项指标低于云南怒江州。补贴收入占比小于 10% 的贫困户占比为 25.96%。这一比例越大，表示对政府补贴收入的依赖性越小。通过比较可知，这一关键指标大于四川涉藏地区和四川凉山彝族地区，与云南怒江州接近，小于重庆、广西，说明贵州黔西南州地区的收入结构比四川涉藏地区和四川凉山彝族地区相对较好，而较其他地区还有差距。

（8）重庆和四川部分民族地区样本补贴收入情况

我们还对四川苗族居住集中地区以及重庆土家族居住地区贫困户进行了一些调查。通过对比，发现这两个地区的样本（见表 4.17）中，总收入中补贴收入占比大于 50% 的贫困户比例显著低于四川涉藏地区，分别为 12.58% 和 18.93%。同时，总收入中补贴收入占比小于 10% 的贫困户比例显著高于四川涉藏地区，也明显高于广西壮族自治区，即有超过一半以上贫困户总收入中补贴收入占比都小于 10%。这一结果表明，重庆和四川土家族及苗族集中居住地区贫困户的收入结构要显著优于四川涉藏地区和广西壮族自治区，他们脱贫后的可持续生计能力会比较稳定地增长，返贫风险要小些。通过现场调查发现，四川兴文县苗族和重庆土家族两个少数民族分布虽然集中，但是人口相对较少，他们从身份上虽然被称为少数民族，但实际上平时的生活方式、工作方式、语言特色、乡风习俗、衣着衣帽等方方面面与当地汉族已别无二致。他们与汉族之间的交流交融十分频繁，仅从外观已无法判断他们少数民族的身份。

从重庆和四川兴文苗族与四川涉藏地区及广西壮族自治区贫困户的对比中可以看出，与汉族和内地文化进行频繁交流和交融，充分吸收其他民族的一些先进理念和生活工作方式，可以在一定程度上改善收入结构，增强自主收入能力，但这是一个长期的进程。

4.5.4　家庭拥有土地

农村土地的合理流转能够提高农业生产效率，增加农民收入。农村贫困户都承包有一定土地，承包地已成为贫困户财产的重要组成部分。贫困户既可以把土地流转出去，获得土地流转金；也可以租别人土地，通过增加农业种植面积获得务农收入。所以承包土地及其流转情况直接关系到贫困户收入情况。

从调查的样本中发现，贫困户土地流转出去的比例较少，占整个贫困户总数的 1.63%，说明绝大多数贫困户在农村还是依靠承包地在获取生存资料，当然他们也可能同时做着其他工作，但总体表明，贫困户对农村承包地的依赖性还是很强。贫困户土地流转原因中占比最高的是外出打工，外出打工收入比务农收入高，反映的是当前城乡收入差距的现实情况。第二个原因是工商业生产经营需要，导致缺少人手进行农业生产，需要家里劳动力放弃农业经营。同时，贫困户租种他人的承包地，占比为 2.56%，比例也不高。能租种他人的承包地，一方面表明家里农业劳动力还是有余，有能力扩大自己的农业种植面积；另一方面，这部分贫困户的收入主要来自土地，扩大农业种植面积能够增加预期收入。

4.5.5 家庭耐用消费品

家庭生产生活离不开一定的耐用消费品，这既是提高生活品质的需要，也是方便生产的需要。本项目对贫困户拥有的生活消费的耐用品、生产消费的耐用品进行了调查，按照拥有耐用消费品数量及其价值进行统计。耐用消费品的拥有情况见表 4.18，调查发现彩电和手机在农村基本上已达到普及的水平，91.6% 的家庭拥有彩电，98.2% 的家庭拥有手机。彩电可以丰富贫困户的精神生活，手机可以让贫困户与外界取得更方便的联系，获取更便捷的信息。同时，洗衣机和冰箱在贫困地区也得到极大推广，洗衣机普及率达到了 56.7%，冰箱普及率达到了 62.3%，说明现在农村贫困户贫困特点有明显变化，相当多的贫困户已经用上了一些以前只有城市家庭才有的家用电器，这与之前我们心中所想到的贫困户家徒四壁、一贫如洗的景象完全不同，这些深刻变化体现了随着时代的不断发展，贫困标准的不断提高。

表 4.18　贫困户拥有的耐用消费品　　　　　单位:%

生活性耐用品	彩电	洗衣机	空调	冰箱	电脑	手机
贫困户拥有率	91.6	56.7	2.8	62.3	1.81	98.2
生产性耐用品	电动自行车	汽车	摩托车	农用三轮车	货车（卡车）	收割机
贫困户拥有率	8.9	1.21	37.24	5.2	0.03	0.006

说明：数据根据问卷调查统计而来。

家庭生产性耐用品是为家庭从事的各项经营性生产活动服务的，这些耐用品可以节约劳动力、缩短工作时间、提高生产效率。但与农户农业生产紧密相关的收割机和农用三轮车，贫困户的拥有率非常低，分别为 0.006% 和 5.2%

（见表 4.18）。收割机在北方农村是粮食丰收时节的常用设备，现在在南方丘陵地带，一些小型的家用收割机开始进入农村一些种植大户家庭。从贫困户对收割机的拥有情况看，说明贫困户还缺乏置办这样的耐用消费品的能力，也反映出贫困户中很少有人能发展成种植大户。农用三轮车的拥有量明显高于收割机，这一方面反映出农用三轮车在农村对于农户日常生产的作用，另一方面也反映出农村公路数量的不断增加和农村道路的不断完善，使农用三轮车能在农村发挥作用。

4.6 金融资本的调查统计分析

在设计问卷时，金融资本调查的内容既包括了受访者本人的金融理财能力，又包括了个人的风险偏好，同时还把家庭成员购买的各种养老保险、医疗保险作为拥有金融资本的重要内容。从调查结果来看，贫困者是缺乏投资理财能力的，也是风险规避者，不愿意去面对有风险的金融市场。他们购买保险产品中，没有商业保险，仅有政府设立的社会保障的部分，比如新型农村社会养老保险金（新农保）、新型农村合作医疗保险。

4.6.1 投资理财能力

金融投资和理财能力是一种无形的金融资本，直接关系到能不能抓住一些金融资产增值机会，会不会有意识增加金融资产，所以这种能力是可以转化为金融资本的。

在对个人金融投资和理财能力的调查中，调查员主要通过两个问题进行考察。一个是一个简单的银行利率计算题，通过它可以考察受访者是否具备基本的金融知识。问题设定为：

假设您现在有 100 块钱，银行的定期年利率是 10%，如果您把这 100 元钱存 1 年定期，1 年后您获得的本金和利息为多少？

答案选项：

1. 小于 110 元　2. 等于 110 元　3. 大于 110 元　4. 算不出来/不知道

从表 4.19 可以看出，受访的贫困户对于基础的专业金融知识的掌握是不足的，只有 8.62% 的人的选择正确。有 0.08% 和 3.41% 的人分别选择了答案 1 和 3，说明他们有本金利率比较的意识，遇到类似的情况时，会思考如何去使自己收益最大化。有 87.89% 的贫困户完全不知道答案，表明他们不具备这种专业的金融基础知识，往往也没有这种理财投资的意识。

表 4.19　贫困户的基本金融知识

答案	1	2	3	4
选项统计/%	0.08	8.62	3.41	87.89
正误判断	错误	正确	错误	错误

说明：数据根据问卷调查统计而来。

另一个是更为现实的测试题，考察贫困户是否具备基本的通货膨胀知识：

假设您现在有100块钱，银行的年利率是5%，通货膨胀率每年是3%，您的这100元钱存银行一年之后能够买到的东西将是以下哪种情况？

答案选项：

1. 比一年前多　2. 跟一年前一样多　3. 比一年前少　4. 算不出来/不知道

从表4.20可以看出，贫困户应对通货膨胀的基本知识非常缺乏，仅有1.59%的回答者正确选择了答案，有0.48%和3.25%的受访者试图回答但选项结果错误，94.68%的受访者根本不能解答这一问题。

表 4.20　贫困户的基本通货膨胀知识

答案	1	2	3	4
选项统计/%	1.59	0.48	3.25	94.68
正误判断	正确	错误	错误	错误

说明：数据根据问卷调查统计而来。

以上两项考察表明了贫困户的基本金融和投资知识的缺乏、意识的淡薄，这自然会导致他们在通过金融渠道获得投资的能力不足，机会欠缺，自然就会比其他人少一些增加收益或抵御风险的渠道。

我们还调查了贫困户对风险的偏好情况，问题如下：

如果您有一笔钱，您最愿意选择哪种投资项目？

1. 高风险、高回报的项目

2. 略高风险、略高回报的项目

3. 平均风险、平均回报的项目

4. 略低风险、略低回报的项目

5. 不愿意承担任何风险

从表4.21可以看出，贫困户对于投资风险的态度是：极少部分人愿意尝试迎接风险，接受高风险和高回报的项目，这部分人在调查中占 0.24%。我们答案的编号越大风险越低，呈现出来的选择规律也是答案编号越大，选择人数的比例也越大。基本可以归纳出一个特点：贫困户是非常谨慎的，极不愿意去承受任何会带来收益的风险，他们的心态更多是：即使没有回报，也不愿意有任何风险。

表 4.21 贫困户对投资的风险偏好

答案	1	2	3	4	5
选项统计/%	0.24	1.31	8.55	25.28	64.62
风险偏好程度	偏好	略偏好	不偏好	略回避	完全回避

说明：数据根据问卷调查统计而来。

4.6.2 拥有金融资本状况

金融资本从内容上看既包含用于金融市场投资的各种金融工具，如债券、股票、基金等，又包含为了安全考虑而购买的各种保险产品，这些都能够给拥有者带来一定收益。

从本书的调查统计结果来看，贫困家庭几乎没有购买债券、股票、基金等金融产品，这一方面是因为贫困者投资理财能力弱，缺乏金融资本的投资意识，更重要的一方面是因为贫困者没有余钱进行金融产品投资，贫困者很难从金融市场上获取收入。与其他社会群体比较，贫困者就缺少了一个收入渠道，这对于贫困者来说是极为不利的。

另外，从西南民族地区贫困人口购买的保险产品来看，贫困户购买的医疗保险一种是由政府牵头、农民参与的新型农村合作医疗保险。这类保险是属于国家农村社会保障建设的一部分，对防止农村因病返贫、因病致贫至关重要。对贫困户来说，它具有普惠性，贫困户对其认可度高、购买积极性高。即使部分贫困户不愿意购买，在当前脱贫攻坚过程中，政府也会为其统一购买，确保了100%参保率。对于农村老年人口养老问题，政府现在推出了新型农村社会养老保险金（新农保）。购买者可以在退休年龄获得相应的养老金，在一定程度上有助于农村退休老人生活水平的提高。但是购买这种保险需要购买者每年付一定数额的保险费，因此也不是所有家庭都购买。从我们调查的数据来看，有近90%的贫困户有人购买了新农保，同时有部分贫困户购买了大病医疗统筹险。

总体而言，贫困家庭的金融资本极端匮乏，基本没有通过金融市场获利的能力，拥有的保险产品也仅限于由政府牵头设立的社会保障中的一部分。

4.7 社会资本的调查统计分析

人类社会是由人与人的相互关系构成的。在现代社会中，社会资本的作用越来越明显，社会资本的拥有情况，对于家庭和个人生计、发展的作用更是不言而喻。

基于社会资本理论和社会资本的内涵，我们对贫困户按照家庭成员社会组织机构任职情况、个人交际能力、紧密朋友关系的社会组织机构任职情况、对陌生人的信任程度、用于红白喜事的人情世故费用等涉及社会资本的变量进行了调查。调查发现，绝大多数贫困户成员处于整个社会关系网络的底端，这也限制了他们社会活动的广度和深度，即便是很多人认可自己的交往能力，但总体还是难以大幅度提高自身的社会资本积累。

4.7.1 家庭成员社会任职

对家庭成员在社会机构任职情况调查统计如表 4.22 所示。家庭成员社会任职情况一般对家庭社会资本影响巨大，不同的社会机构拥有不同的社会关系网络，这些关系网络是影响一个家庭成员交往半径和交往深度的重要载体。在对贫困户的调查中发现，绝大多数贫困户没有在社会机构任职的家庭成员的比例达到 94.39%，这些机构包括村委会、乡镇（委）政府部门、县（委）政府部门、大中小学及幼儿园、各级医院及卫生院、自办企业等社会部门，这是当前社会关系汇集相对较多的部门。另外，有 1.72% 的贫困户有家庭成员在中小学和中专及幼儿园工作或任职；有 1.12% 的家庭有成员在医院或者卫生所工作，他们是医生或医院工作人员；有 0.64% 的家庭有家庭成员在乡镇政府或乡党委部门任职；有 0.68% 家庭有成员在村委会工作，但不是村干部，一般从事村委会公益性工作以获得劳动收入；有 0.55% 的家庭有家庭成员在村委会当村干部，任村书记或村主任、妇女主任等；有 0.38% 的家庭有成员在县（委）以上政府部门任职；有 0.27% 的家庭有成员为大学或专科院校教师。总结家庭成员在这些社会关系网络中的位置可以看出，绝大多数贫困户成员处于整个社会关系网络的底端，在众多代表较好社会资本的任职岗位中，难以找到他们的一席之地。

表 4.22　家庭成员社会任职情况统计　　　　　单位:%

任职情况	1	2	3	4	5	6	7	8	9	10	11	12
样本占比	0.68	0.55	0.64	0.38	0.27	0.08	1.72	0.06	1.12	0.11	94.39	0

注：任职情况一栏中，1 表示在村委会工作，非村干部；2 表示村干部，包括村长、村书记、村主任、妇女主任等；3 表示乡镇（委）政府部门一般工作人员；4 表示县（委）级及以上政府部门一般工作人员；5 表示大学/专科院校教师；6 表示大学/专科院校领导；7 表示中小学、中专教师（含幼儿园）；8 表示中小学领导、中专院校领导（含幼儿园）；9 表示医生或医院工作；10 表示自己创办企业；11 表示以上均没有；12 表示其他。

4.7.2　家庭交往能力

家庭成员交往能力在一定程度上反映家庭成员拓展社会关系网络的能力。值得关注的是，在对贫困户成员的交往能力进行调查时（统计结果见表 4.22，统计中 5 分为满分），受访者中有 33.23%的比例认为他们的交往能力可以得 3 分，有 45.71%的比例认为他们的交往能力可以得 4 分，有 15.69%的比例认为他们可以得 5 分。这表明受访者基本认为他们的家庭成员是具备交往能力的，甚至还认为这项能力是比较突出的。但即便交往能力强，由于处于社会关系网络的底端，接触的社会圈子能带来的获利机会不够，也无法改变他们社会资本不足的现实。比如他们每年在人情世故上花费的成本还是很高，每年用于红白喜事的花费基本上都超过了 1 千元，但是由于他们是在一种自我封闭的圈层内交往，形成了一种均衡的内循环状态，这样的交往成本无助于社会资本的增加，反而增加了他们的家庭负担。

表 4.23　受访者或家庭成员交往能力情况　　　　　单位:%

交往能力分值	1	2	3	4	5
自我评价占比	0.65	4.72	33.23	45.71	15.69

说明：数据根据问卷调查统计而来。

对与家庭最紧密的朋友、同学、亲戚社会任职情况的调查发现，与这些贫困户有比较紧密关系的非家庭成员的社会关系网也处于较低层次。在调查中发现（见表 4.24），与家庭关系最紧密的朋友、同学和亲戚绝大多数也没有在社会机构任职，这一比例为 72.17%，但比贫困家庭成员在社会机构任职的比例高。说明贫困家庭的紧密关系层这一群体的社会资本要优于贫困家庭。这一群体中存在少部分人在具有一定社会关系网的部门、机构任职，比如有 1.38%的紧密亲朋好友在县（委）级及以上党政部门任职，有 0.06%的紧密亲朋好友在国有企业当领导，有6.35%的紧密亲朋好友在中小学任职，有1.62%的紧密亲朋好友在医院工作等。但是从整体情况看，在紧密的亲朋好友中，大多数人都是处于社会关系网络不发达的圈子。

表4.24 与家庭关系最紧密的朋友、同学、亲戚社会任职情况

单位:%

任职情况	1	2	3	4	5	6	9	11	12	13	15	17	21
样本占比	0.55	1.48	0.58	0.68	0.33	1.38	0.06	0.25	0.15	6.35	1.62	0.08	86.49

注：任职情况一栏中，1为在村委会工作，非村干部；2为村干部，包括村长、村书记、村主任、村支书、妇女主任等；3为乡镇（委）政府部门领导；4为乡镇（委）政府部门一般工作人员；5为县（委）级及以上政府部门领导；6为县（委）级及以上政府部门一般工作人员；9为国有企业领导（不含小组组长等）；11为大学/专科院校教师；12为大学/专院校领导；13为中小学、中专教师（含幼儿园）；15为医生；17为自己创办企业；7、8、10、14、16、18、19、20分别为农村合作社领导、民营企业领导、外资或合资企业领导、中小学领导、中专院校领导（含幼儿园）、医院领导、非营利组织（如行业协会等）领导、法院领导（法院一般工作人员），它们在问卷中样本数为0，故表中没有显示；21为以上均没有。

说明：数据根据问卷调查统计而来。

4.8　本章小结

　　本章属于基于调查数据的描述性统计分析，重在反映西南民族地区脱贫户构建可持续生计实现机制的基本现状。这一章首先介绍了本书关于西南民族地区脱贫户生计可持续的调查情况，对调查的难点、数据调查的方法、问卷的设计、调查过程中具体样本的选择等进行了说明，然后对整个调查样本的基本信息进行了汇总。

　　对可持续生计至关重要的是生计资本状况。本章分5节分别对人力资本、自然资本、物质资本、金融资本、社会资本的调查数据进行描述性统计分析。分析初步表明：①西南民族地区贫困户的人力资本是严重不足的，其中，教育人力资本不仅在总量上不足，在结构上也存在失衡；而健康人力资本缺乏是贫困家庭人力资本不足的又一普遍表现，大量贫困户存在不同程度的残疾、慢性疾病等原因导致的家庭劳动力受损、医疗负担加重。②西南民族地区贫困户拥有的重要自然资本不足，主要表现在他们远离县域经济发展中心，缺乏参与和融入当地中心经济发展的自然条件；核心自然资源禀赋差异较大，矿产资源缺

乏，生物资源丰富，水资源基本充沛；由于复杂的地理环境等因素，各种自然灾害发生频率也较高。③物质资本积累提高显著，主要表现为家庭住房改善明显，人们对于住房基本满意；贫困家庭有政策性的承包地，且绝大部分处于自主经营状态，较少流转出去；家庭耐用消费品种类不断丰富。但贫困户补贴收入占比较高，对脱贫稳定性影响较大。④金融资本更是严重不足，不仅缺乏投资理财能力，还缺乏基本的理财知识和金融市场知识，而且几乎没有任何商业性的金融产品，购买的社会基本保障品仅限于政府设立的社会保障中的部分，比如新型农村社会养老保险金（新农保）、新型农村合作医疗保险。⑤社会资本积累不足，且难以突破。绝大多数贫困户成员处于整个社会关系网络的底端，这也限制了他们社会活动的广度和深度，即便是很多人认可自己的交往能力，但总体还是难以大幅度提高社会资本积累。

5　西南民族地区脱贫户可持续生计能力现状评估

西南民族地区脱贫户在国家政策的大力扶持下实现了全部脱贫。脱贫后他们的生计可持续能力具体怎样，这是关系脱贫稳定性的重大问题，需要从定量角度认真研究。这一章将建立可持续生计指标体系，然后根据指标体系来计算生计资本，从而测算脱贫户可持续生计能力并进行定量分析。

5.1　可持续生计能力评价指标体系构建

在可持续生计能力理论框架下，可持续生计能力评估的基础是各生计资本状况。因此，在已有的研究中，不同学者均是从人力资本、自然资本、物质资本、金融资本和社会资本五种生计资本的衡量指标入手，结合不同地区差异，构建适合研究对象的生计能力评价指标体系。对于这一指标体系，生计资本的衡量是前提，在建立生计资本衡量指标时应该遵循一定的原则。然后在这一原则指导下，建立起科学的生计资本衡量指标。再根据这一指标，构建反映生计能力的综合指数。

5.1.1　指标构建原则

个人或家庭生计资本是实现可持续生计的核心部分，生计资本的形成包括不同资本的组合、资本的获得以及使用资本的机会等。生计资本直接影响着个人或家庭的福利，并对他们摆脱贫困、走向富裕产生重要影响。因此，通过农户生计资本构建的可持续生计评价指标体系，是反映农户可持续生计的重要指标体系。可以在实际操作过程中将五种不同的生计资本具体化，这样能有效地描述农户生计资本的可持续发展状态。

苏芳等（2015）在《可持续生计：理论、方法与应用》[12]24-25一书中对通过生计资本构建可持续生计评价指标体系提出了以下几个原则：

科学性原则。由于生计可持续系统是一个复杂的系统，要求建立的指标体系必须充分体现个人或家庭生计资本的发展情况和水平，这就要求这一指标非常科学合理，不能离开这一目标。

概括性原则。由于要求建立的指标具有足够的涵盖面，要具有全面性，容易造成指标体系过于庞大，不利于数据的收集和加工处理，也不利于指标的推广使用。因此，应当尽量用处理后的组合指标，使反映的指标内涵更深刻、更具有实际意义。

可操作性原则。指标选择和构建时既要充分考虑调查评估地区的资料、数据来源和特征，还要尽可能多地选用目前统计数据中包含的或经过加工计算可以获得的数据和资料。对于那些必须用于可持续生计评价但由于现实条件限制而又不能直接获得的数据，可以选择与其代表性意义相近的指标作为替代。

区域性原则。指标要结合区域性特点，要选择最能反映各子系统发展状况的指标。在众多的指标中选择具有区域性代表性的指标来构建整个指标体系，这样建立的农户生计可持续评价指标体系才具有问题导向，具有战略决策制定的指导意义。

5.1.2 生计资本的衡量指标

贫困户的生计可持续是一个包含很多因素的概念，它直接与贫困户掌握的生计资本相关。因此，构建科学合理的生计资本衡量指标是进行生计资本评价的前提和基础。关于生计资本的衡量，我们遵循上述原则，采用王振振和王立剑（2019）[57]的方法，用两级指标来递进构成，即先选用最微观的一级指标，作为某一个生计资本的基础指标。一般这个指标来源于问卷调查的基本信息，是根据某一资本和研究对象特征筛选出来的比较重要的基础信息。然后针对这一基础指标所反映的某一生计资本的某一重要方面的信息，构建这一生计资本的二级指标。最后二级指标根据一定原则生成反映某一生计资本的衡量指标。本书构建的脱贫户可持续生计能力评价指标体系见附录2。

根据可持续生计分析框架，生计资本分为人力资本、自然资本、物质资本、金融资本、社会资本五种类型，本书从这五个生计资本入手，根据问卷信息，结合已有研究成果，一共设计了15个二级指标，28个基础指标，构建了反映生计资本状况的指标体系，这是最后形成可持续生计能力评估指标体系的重要部分。

5.1.3 可持续生计能力指标评价体系

可持续生计能力指标评价体系是各种生计资本的综合反映。如何对各种生计资本加以综合量化，形成一个权威的指数，是科学反映可持续生计能力的重要环节。借助阿玛蒂亚·森的可行能力理论，可持续生计能力是应该由不同维度的能力构成，而不同维度的能力又是由相关的生计资本决定，这些不同维度的能力就将生计资本和最终的生计能力联系起来了。王振振、王立剑（2019）的研究将可持续生计能力定义为由发展能力、经济能力、社交能力构成[57]。本书引入发展能力、经济能力、社交能力对贫困户可持续生计进行诠释，这三种能力在指标体系中的主要作用是作为生计资本与可持续生计能力之间的一种媒介，这意味着可持续生计作为综合能力，由发展能力、经济能力和社交能力构成。其中，发展能力是指个人拥有的顺利完成某项活动的能力，是体力与脑力的结合，主要由人力资本体现；经济能力即家庭获取收入以支持家庭成员生存和发展的能力，主要由自然资本、物质资本、金融资本反映；社交能力包括家庭获取社会资本以及与外界环境的良好互动能力，由社会资本体现。此外，由于英国国际发展署（DFID）建立的可持续生计（SLA）分析框架中生计资本之间是不断变化的，资本之间也可以相互转化，也就意味着三种生计能力是不断变动和相互转化的。

本书采用 TOPSIS（technique for order preference by similarity to ideal solution）构建了用于综合反映不同贫困户可持续生计能力的综合指数。TOPSIS 是由 C. L. Hwang 和 K. Yoon 提出的，按照他们的研究方法，贫困户的可持续生计能力综合评价指数可以按照如下公式来计算：

$$Y_i = \frac{\sqrt{\sum_{i=1}^{n} w_j (x_{ij} - x_{\min})^2}}{\sqrt{\sum_{i=1}^{n} w_j (x_{ij} - x_{\max})^2} + \sqrt{\sum_{i=1}^{n} w_j (x_{ij} - x_{\min})^2}}$$

其中，Y_i 为脱贫户 i 家庭的可持续生计能力综合评价指数，n 表示脱贫户可持续生计评价基础指标个数，这里 $n = 28$，i 和 j 分别代表被评价贫困户对象的家庭序号编号和各个评价指标的编号，X_{ij} 代表第 i 个贫困户的可持续生计评价基础指标 E_j 在经过标准化之后的取值，$X_{\max}$ 表示各个可持续生计评价基础指标（E_j）标准化①之后的最大值，$X_{\min}$ 表示各个可持续生计评价基础指标（Ej）标

---

① 按照王振振和王立剑（2019）的研究，由于可持续生计能力的各个指标具有不同的单位和不同的变异程度，为了消除量纲和变量自身变异和数值的影响，将数据标准化。

准化之后的最小值，W_j 为评价指标 E_j 在可持续生计中所占的权重。

最后我们形成了脱贫户可持续生计能力评价指标体系（附录2）。

5.2 可持续生计能力评估

基于构建起的可持续生计能力评价指标体系，将调查数据量化处理后，可以对西南民族地区脱贫户可持续生计能力进行评估。

5.2.1 评估思路

脱贫户的可持续生计能力是否在脱贫后增加了、增加了多少，需要一个参照组进行比较分析才能体现出来。我们基于构建的可持续生计能力指标体系得出的关于脱贫户可持续生计能力评价指数需要进行比较，才能反映出生计能力变化情况。按照数据结构，我们调查了脱贫户、未脱贫户、非贫困户三种类型的样本，这三种类型样本恰好构成了三种实验数据。将脱贫户的可持续生计能力、未脱贫户的可持续生计能力、非贫困户的可持续生计能力进行比较，判断脱贫户相对于未脱贫户是否有显著的改善，与非贫困户是否还有明显差距，由此推断出脱贫户可持续生计能力状况，进而为我们抑制返贫、解决相对贫困提供有力的政策支撑条件。

在对三种类型样本的可持续生计能力指数进行计算的过程中，各样本具有的生计资本测度是第一步，这是反映可持续生计能力综合指数的基础。第二步是测算出反映生计能力的三种能力值：发展能力、经济能力、社交能力。第三步，根据一定统计原则，计算出三种类型样本的可持续生计能力指数。第四步，按照统计原则，对三种类型的可持续生计能力统计指数进行比较，并对脱贫户可持续生计能力进行评估。评估思路可以用图 5.1 呈现出来。

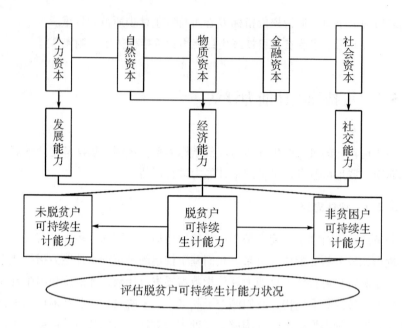

图 5.1　脱贫户可持续生计能力评估思路

5.2.2　可持续生计指标的权重

根据可持续生计能力指标体系和可持续生计能力综合评价指数，确定各级指标的下属指标的权重。权重的设定是保证评价指数有效性的关键。一般来说，权重的设定方法有两大类。一是客观赋权法，即根据各指标的相关关系或者各指标变异程度来确定权重，常见的有主成分分析法、均方差权数决策方法、离差法等。在实际操作过程中，调查数据的可得性以及可靠性难以保障，是使用该方法过程中较难克服的问题。另一类是主观赋权法，即通过人为咨询评分的定性法确定权重，咨询的对象一般是具有丰富经验的相关研究领域的资深专家。常见的咨询方法有德尔菲（Delphi）专家咨询法、专家排序法、层次分析法（AHP 法）等。前两种咨询方法依赖于专家主观判断，后一种咨询方法则是对专家调查给出的定性比较结果进行定量分析，是在前面定性分析基础上的进一步分析，具有定性和定量相结合的特征。这样既保证了对专家丰富经验的充分尊重和吸收，又可以保证推理过程的正确性和科学性。

从现有学者对这些赋权法的实践应用来看，层次分析法是比较常用和相对较好的一种方法。它能融合决策者的经验，又能将定性分析和后面推理过程的定量分析结合起来，具有一定优越性，在各个研究领域得到了广泛运用。因此本书也是采用 AHP 法进行指标赋权。

由于 AHP 法依赖于专家经验判断，而专家个人对问题的判断往往带有自己的主观偏好，为了使评判的结果更为客观，我们尽可能多地咨询专家，采取群体评价方式。对于每一项生计资本下的基础评价指标，采用萨蒂提出的九标度法作为相对比较标度。假设某一生计资本下有 E_1、E_2、E_3 三个基础指标，需要按照如表 5.1 进行两两比较。具体比较按照如下原则进行：如果左边列中的项与右边列中的项同等重要，就选"1"；如果左边列中的项比右边列中的项稍微重要，就选左边的"3"；如果左边列中的项比右边列中的项明显重要，就选左边的"5"；如果左边列中的项比右边列中的项强烈重要，就选左边的"7"；如果左边列中的项比右边列中的项极端重要，就选左边的"9"；"2""4""6""8"则为两相邻判断的中值。对应的，如果右边列中的项比左边列中的项稍微重要、明显重要、强烈重要和极端重要，就选择右边的数字。根据专家比较结果，然后按照 AHP 法，对每一个基础指标的权重进行计算。

表 5.1　生计资本基础指标权重测度

E_1	9	8	7	6	5	4	3	2	1	2	3	4	5	6	7	8	9	E_2
E_1	9	8	7	6	5	4	3	2	1	2	3	4	5	6	7	8	9	E_3
E_2	9	8	7	6	5	4	3	2	1	2	3	4	5	6	7	8	9	E_3

在 AHP 法中，我们一共咨询了 25 位与民族地区贫困、收入、三农问题研究相关的资深专家，其中高校领域的专家 10 人、社科研究机构的专家 10 人、扶贫部门相关的资深工作人员 5 人。同时我们还咨询了 5 位贫困户、5 位非贫困户的意见，利用 AHP 法对各项指标进行权重确定。

脱贫户可持续生计能力评价指标权重的确定见附录 3。

5.2.3　脱贫户生计资本的测度

可持续生计资本中，每一资本的指标都是由若干基础指标构成，按照研究思路，要对这些基础指标的得分进行标准化处理。具体处理方法参照高功敬（2018）[11]76 的研究，通过线性比例变换，将各个指标的初始得分化为 0~1 的得分（包括 0 和 1），具体方法是：

对于正向指标，$Y_{ij}=X_{ij}/\text{Max}(X_{ij})$，其中 Max（$X_{ij}$）不等于 0；对于负向指标，$Y_{ij}=\text{Min}(X_{ij})/X_{ij}$，其中 Min（$X_{ij}$）不等于 0。

5.2.3.1　人力资本

按照我们构建的指标体系，脱贫户人力资本的测度由劳动人口规模、受教育程度、健康状况、职业培训4个基础指标衡量。西南民族地区脱贫户经过精准扶贫、精准脱贫的过程，按照"一超""两不愁""三保障"脱贫标准进行脱贫，很多措施可以增加脱贫户的人力资本。比如进行职业培训，帮助贫困家庭成员外出务工就业；实行全面医保，由政府买单，提升贫困家庭成员健康水平；实行义务教育全覆盖，保障贫困家庭新增人口的基本教育水平等。这些措施都会显著提高脱贫户人力资本水平，使得贫困家庭脱贫后的人力资本状况有一个明显的改善。

1. 劳动力规模

劳动力状况是评价家庭人力资本的重要指标。在调查问卷中，我们对家庭人口的基本信息进行了统计，包括家庭成员数量、平时在家务农的家庭成员数量、常年从事非农产业的家庭成员数量、丧失劳动能力的家庭成员数量（常年不再参与务农或打工，不包括在校学生）、在校读书的家庭成员、未成年（不满18周岁）家庭成员、家庭成员中60岁及以上老人等信息。通过这些信息确定家庭劳动力在18岁到60岁之间的劳动力人数。根据我们的调查样本，有70.8%的样本是脱贫户。对这部分样本进行整理后，有1 120户有效样本。这些样本的基本情况是家庭劳动力最大规模的人数为6个，最少为0个，比例分别达1.61%和4.48%，家庭劳动力在2人的集中度最高，占比为34.11%。具体的得分统计情况见表5.2。

表5.2 脱贫户劳动力规模与标准化后得分

劳动力规模 (H_1) /人	标准化后得分/分 标准分 = (H_1) /6（分）	频数/户	百分比/%	累计百分比/%
0 人	0.000 0	54	4.48	4.48
1 人	0.166 7	250	20.86	25.34
2 人	0.333 3	409	34.11	59.45
3 人	0.500 0	262	21.84	81.29
4 人	0.666 7	167	13.88	95.17
5 人	0.833 3	39	3.22	98.39
6 人	1.000 0	19	1.61	100.00
合计		1 120	100	

注：人力资本指标测度下的第一个基础指标即劳动力规模用 H_1 表示。

2. 受教育水平

家庭受教育水平可以用家庭成年人口的受教育程度来衡量。一般可采用两种受教育程度的指标：一是家庭成年人口的平均受教育程度，可以反映家庭整体的教育水平；二是家庭成年人口的最高受教育程度[①]。这两种指标可以反映家庭受教育水平的结构问题。我们在问卷调查中对调查对象询问了这些问题：

您的受教育程度是什么？您配偶的受教育程度是什么？您父亲的受教育程度是什么？您的家庭成员中其他成年劳动力的受教育程度是什么？取得的最高学历（或正在学习的最高阶段）是什么？

根据这些信息，计算出每一个脱贫家庭成年人口的平均受教育年限和成年人口的最高受教育年限，然后用线性比例变换方法进行标准化处理，得出家庭成年人口的平均受教育程度和家庭成年人口的最高受教育程度两个指标，然后对这两个指标进行算数平均，获得家庭教育水平的得分，具体情况见表5.3。

表 5.3 脱贫户成员受教育程度得分

	样本数	最小值	最大值	均值	标准差
家庭成年人口的平均受教育年限 A_1	1 478	0.00	16.00	7.934 2	2.162 3
家庭成年人口的最高受教育年限 A_2	1 478	0.00	25.00	9.753 8	3.058 1
家庭成年人口的平均受教育程度： $H_{2.1}=A_1/16$	1 571	0.00	1.00	0.412 6	0.159 1
家庭成年人口的最高受教育程度： $H_{2.2}=A_2/25$	1 571	0.00	1.00	0.385 7	0.158 3
教育水平： $H_2=(H_{2.1}+H_{2.2})/2$	1 571	0.00	1.00	0.396 1	0.157 4

3. 健康水平

家庭健康水平是反映家庭人力资本的重要内容，要根据一个家庭所有成员的身体健康状况来确定健康水平。按照我们的问卷调查，我们从三个方面来确定家庭健康水平：一是家庭是否有残障人员，二是是否有患慢性疾病的家庭成员，三是对家庭成员健康状况自评。第一个方面主要是看家庭是否存在残疾人员，对肢体残疾、听力残疾、智力残疾、言语残疾、视力残疾等情况，按照残

---

① 对于这两个指标文中分别用 $H_{2.1}$ 和 $H_{2.2}$ 表示，成年劳动力指的是年龄大于18岁的家庭人口。

疾程度，给家庭打分，残疾程度越高，得分越高；第二个方面看家庭成员患有慢性疾病的情况，比如高血压、冠心病、糖尿病、恶性肿瘤、肺部疾病等，根据疾病严重程度，越严重，得分越高；第三个方面是对家庭成员自身健康状况的自我评价，我们是通过与其他一般正常家庭的身体状况比较来打分，与同龄人相比健康情况分为好很多、好一些、差不多、差一点、差很多几种情况。由于答案设置的分值与健康水平呈反比，属于负向指标，因此，采用线性比例变换的第二种形式进行标准化。得出的家庭成员健康状况调查得分情况如表5.4所示。

表5.4　脱贫户成员健康状况得分

	样本数	最小值	最大值	均值	标准差
残障状况 A_3	1 570	0.00	5.00	0.912 5	0.612 3
慢性疾病状况 A_4	1 570	0.00	6.00	0.865 1	0.478 1
健康状况自评 A_5	1 570	1.00	6.00	0.457 8	0.356 7

经过线性比例变化后的标准得分情况如表5.5所示。

表5.5　脱贫户成员健康状况标准化得分

	样本数	最小值	最大值	均值	标准差
残障状况标准化得分 $=1/A_3$	1 570	0.00	1.00	0.536 7	0.319 3
慢性疾病状况标准化得分 $=1/A_4$	1 570	0.00	1.00	0.458 1	0.267 8
健康状况自评标准化得分 $=1/A_5$	1 570	0.00	1.00	0.327 6	0.543 2

4. 职业培训

职业培训是提高劳动者职业技能的重要途径，是体现劳动者人力资本的重要方面。对职业技能的测量，可以通过家庭成员是否参加过职业技能培训、参加过什么类型的职业技能培训、参加过职业技能培训的次数三个方面来衡量。参加过职业技能培训和没参加职业技能培训对于增加已有家庭成员劳动力质量有重要影响；参加职业技能培训的类型可以从一定程度上反映出劳动力职业技能水平，比如参加过电器维修的培训代表的技能水平就要高于参加过餐饮服务的培训，从而反映出不同水平的职业技能；家庭成员参加过的职业技能培训的次数越多、类型越多，也会在一定程度上更加有利于增加职业技能水平特别是技能复杂性。所以对职业技能的测量我们选择三个指标：一是是否参加过职业技能培训，没有参加过是 0，参加过是 1；二是参加职业技能培训的类型，按照所培训的技能的复杂程度打分，越复杂，得分越高；三是培训次数，培训次数越多，得分越高。具体情况见表 5.6。

表 5.6　脱贫户成员职业技能得分

问卷内容	样本数	最小值	最大值	均值	标准差
是否参加过职业技能培训 A_6	1 571	0.00	1.00	0.412 7	0.437 6
参加职业技能培训的类型 A_7	812	1.00	10.00	5.269 1	2.678 1
培训次数 A_8	812	0.00	8.00	3.276 5	1.975 2

经过线性比例变化后的标准得分情况如表 5.7 所示。

表 5.7　脱贫户成员职业技能标准化得分

	样本数	最小值	最大值	均值	标准差
是否参加过职业技能培训标准化得分＝ $A_6/1$	1 571	0.00	1.00	0.368 1	0.347 8
参加职业技能培训的类型标准化得分＝ $A_7/10$	812	0.00	1.00	0.569 1	0.285 4
培训次数标准化得分＝ $A_8/8$	812	0.00	1.00	0.491 8	0.418 1

5.2.3.2　自然资本

自然资本是对一切自然资源的总称，这些自然资源在生产力不发达时期对于农民的生计起着决定性影响。因此，很长时期内，自然资本禀赋决定了人们面临的生计风险和不确定性的大小。很多贫困者的贫困往往就是一场不可预料的灾害对其自然资本的消减造成的。比如，一次泥石流对于房屋住所的毁坏，一次大火对于森林、树木的破坏，一次洪涝灾害对于粮食作物的损害等。按照基本形态，自然资本分为有形资本、无形资本。有形资本按照本书的研究由人均耕地面积、矿产资源拥有情况、水资源拥有情况三个因素反映，无形资本由与县城的距离和居住环境情况两个因素来反映。

1. 人均耕地面积

耕地是重要的自然资本。我国是典型的农业大国，农业生产总值长期为国民生产总值的主要部分，耕地是农民家庭收入的重要来源。改革开放后，随着农村人口向城市的不断转移，农村人地矛盾的缓解，城市各种就业机会的增多，耕地对于农民的影响在逐渐下降。在当前我国农村，不同类型的农户对于耕地的态度差异明显。在城市能够较为轻松获得不错收入就业岗位的农民，选择了放弃耕地耕作，将土地流转给他人；不愿意在城市就业、选择在农村发展的农民，通过承包集体或承租他人的耕地，扩大自己的耕种面积，使自己在耕地上获得的收入也大大增加。因此，目前耕地仍然是以农业为主要收入来源的农民生计的重要载体。基于此，本书课题组调查了西南民族地区农村脱贫户的家庭人均耕地面积，这种人均耕地面积是脱贫户实际耕种的面积，即包括流转出去和进来后的最终情况。对于脱贫户人均实际耕地面积，标准化后的得分样本统计情况见表5.8。

表 5.8　人均实际耕地面积指标的标准化得分

数值（人均实际耕地面积/亩）	标准化度量值	样本累计百分比
最大值 1.9	1.00	5
1.8	0.95	8
1.7	0.89	12
1.6	0.84	15
……	……	……
0.2	0.11	87
0.1	0.05	91
最小值 0.0	0.00	100

注：标准化度量值＝人均实际耕地面积/1.9。表中只是给出了最大值和最小值以及一些中间的度量值，人均实际耕地面积调查时按照四舍五入法保留一位小数。

2. 矿产资源

矿产资源是农户居住地重要的自然资源。矿产资源对于当地经济发展具有天然的影响。矿产资源种类越丰富，表明当地经济发展的自然禀赋越好，经济发展就越具有先天优势，对生计可持续能力的保障功能就越强。比如矿产资源一旦开发转化为经济资源，当地农户不仅可以凭借资源所有者的身份享有所有权收益，还可以从矿产资源发展出来的相关经济行业中获得就业，赚取相应的工资性收入，为收入多样性创造条件。所以矿产资源的多寡是脱贫户脱贫后生计可持续发展的一个重要影响因素。本书按照煤，铁，石油、天然气，有色金属，稀有金属，金银、铜、非金属（如金刚石、大理石、石灰岩、黏土等）、水气（如地下水、矿泉水等）种类进行调查，种类越丰富，得分越高。脱贫户矿产资源标准化后得分的具体情况见表5.9。从表5.9中可以看出，脱贫户居住地拥有矿产资源的比例比较少，大约占28%，而拥有2种以上的矿产资源的占比更少，为8%；70%以上脱贫户居住地是没有矿产资源的。

表5.9 脱贫户矿产资源标准化得分

数值（脱贫户居住地具有矿产资源的种类）/种	标准化度量值	样本累计百分比
最大值4	1.00	2
3	0.75	5
2	0.50	8
1	0.25	28
最小值0	0	100

说明：标准化度量值=脱贫户居住地具有矿产资源的种类/4。

3. 生物资源拥有情况

生物资源与当地自然环境特征紧密相关，也是大自然对人类的馈赠。丰富而多样的生物资源，在一定条件下，可以完全转化为经济资源，实现当地的经济发展和居民收入的增加。贫困地区有的地方生物资源丰富，保存了完整的青山绿水。通过精准扶贫，改善当地基础设施，畅通交通物流，促进内外交流，可以将绿水青山转化为金山银山。有的贫困地区，地形、气候、水源、土壤等条件优越，可以通过人类的实践和主观能动性的发挥，栽种多种植物、饲养多种动物，形成具有一定优势的生物资源，这些资源可以直接与市场相衔接，转化为经济资源。因此，生物资源构成了农户重要的自然资本，是贫困户脱贫的重要支撑，也是脱贫户生计可持续的重要支撑。课题调查组在对脱贫户进行生物资源调查时，对包含林（果）木、药材、畜禽、水产动植物在内的天生和后天生物资源进行了全部调查。脱贫户拥有这些资源种类的多少，在一定程度上可以反映自然资本拥有量。具体调查情况标准化后得分统计见表5.10。

表 5.10　脱贫户生物资源标准化得分

数值（脱贫户拥有的生物资源种类）/种	标准化度量值	样本累计百分比
最大值 5	1.00	1.2
4	0.80	21.8
3	0.60	45.8
2	0.40	61.1
1	0.20	98.5
最小值 0	0.00	100

说明：标准化度量值=脱贫户拥有生物资源的种类/5。

4. 离县城距离情况

农户家庭所处的区位条件对于家庭经济和收入有重要影响。在县域经济发展过程中，从经济增长动力看，县城往往是县域经济发展的中心，对周边经济发展具有辐射带动作用。而离县城的远近，就成为享受县城经济辐射带动作用的重要自然资本了。本书在对脱贫户的自然资本情况调查时专门设置了"最近的县政府（不一定是本县的政府）离村子/社区有多远？"的问题项，问题答案的统计结果显示：离最近县城距离最大值为 80 千米，最小值为 0.1 千米，均值为 22.4 千米，方差为 13.4。调查样本与县城距离的分布图见图 5.2，可知绝大多数脱贫户离县城中心距离在 20 千米左右，分布图的右边拖尾反映出离县城距离远的脱贫户要多于离县城近的脱贫户。

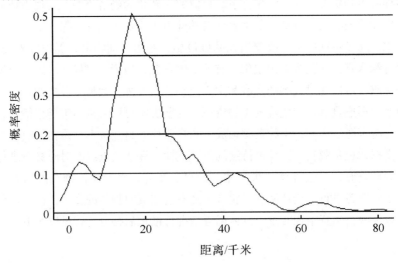

图 5.2　与县城中心距离的核密度估计

由于与县城的距离是负向指标，即离县城越远，得分越低，按照得分计算公式：$Y_{ij}=\text{Min}（X_{ij}）/X_{ij}$，脱贫户该项指标得分=0.1/与最近县城的实际距离，具体统计情况见表5.11。

表5.11　离最近县城距离标准化得分

标准化得分（0.1/与最近县城的实际距离）/分	样本数/户	样本累计百分比
1	3	0.19
0.2~0.9	0	0.19
0.05~0.2	60	4.01
0.01~0.2	56	7.57
0.005~0.01	411	33.74
0.001~0.005	605	72.25
0~0.005	436	100.00

从表5.11可知，脱贫户在自然资本中的这一项得分上普遍偏低，得满分的只有3人，占样本0.19%，大部分人得分在0.005以下，标准化得分分布图见图5.3。可以看出，在得分0值附近，分布密度函数曲线最高，与横轴围成的面积最大，能直观看出整个得分的分布集中在0分附近。

5. 居住环境

居住环境由很多因素构成，但一个地方如果经常发生自然灾害，常常造成人民生命和财产损失，则说明这个地方的居住环境较差，说明自然灾害是对家庭生计造成重大影响的直接因素。基于此，本书从发生自然灾害的角度去评估居住环境情况。如果一个地方常见自然灾害越多，说明这个地方的居住环境越差，自然资本中该项得分就越低。问卷对脱贫户本村或家庭附近常见的自然灾害有哪些进行了调查，具体涉及的自然灾害有滑坡、泥石流、洪水、旱灾、水土流失、春冻/霜冻等。脱贫户面临的自然灾害种类越多，则面临生计冲击的可能性就越大，自然资本中该项资本得分就应该越低。对此统计的具体情况见表5.12，标准化得分的核密度估计见图5.4.

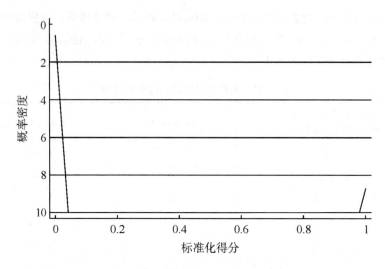

注：核函数为叶帕涅奇尼科夫函数，带宽为 0.000 5。

图 5.3　与县城距离标准化得分的核密度估计

表 5.12　脱贫户居住环境标准化得分

常发自然灾害种类/种	样本数/户	标准得分/分	样本占比/%
0	729	1	64.69
1	217	0.80	19.25
2	164	0.50	14.55
3	12	0.33	1.06
4	5	0.25	0.44
5	0	0.20	0.00
6	0	0.16	0.00

注：由于常发自然灾害种类数值有 0，不能按照负向指标"0/常发自然灾害种类"去计算，采用了一个比较接近的方法，就是设常发自然灾害等于 0 的得分为 1，然后对只有 1 种类型的自然灾害赋值为 0.8，其余得分按照"1/常发自然灾害种类"获得。

由图 5.4 知道，环境得分的核密度估计图呈现两个波峰，说明脱贫户居住环境的得分有两个密集区，一个是得分在 0.4~0.6，另一个是 0.9~1，得分在 0.6~0.8 的人数比较少。这种情况恰恰反映了脱贫户居住环境差异性较大、受自然灾害影响程度不均衡。

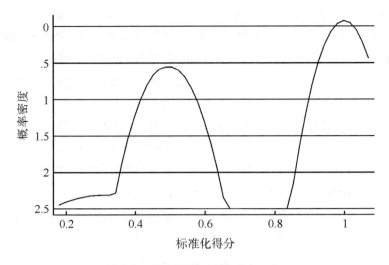

注：核函数为叶帕涅奇尼科夫函数，带宽为 0.071 0。

图 5.4　居住环境标准化得分的核密度估计

5.2.3.3　物质资本

物质资本是人类赖以生存和发展的重要资本，也是人类反贫困领域被关注最早的一种生计资本。物质资本的多寡，直接影响着人们生活水平的高低，也影响着人们积累和创造更多生计资本的能力。对于农民来讲，有些物质资本是家庭私有的，需要农民自己去创造积累，比如家庭拥有的耐用品、家庭住房；有些资本是具有公共性质的，需要政府提供，比如道路设施、灌溉设施、信息网络平台、公共教育资源等。所以就反贫困而言，政府从物质资本介入得比较多，要做的常常是加强对具有公共性质的物质资本的投入，有针对性地帮助一些贫困户不断增强私人物质资本。本书按照私人物品和公共物品两类进行物质资本的得分考察：对私人物品性质的物质资本，选择两个重要指标反映，一个是住房，另一个是家庭耐用品；对于公共物品性质的物质资本，选择三个指标，第一个是道路，第二个是医疗，第三个是教育。

1. 住房状况

住房安全有保障是脱贫的必要性指标，住房构成了家庭重要的物质资本。根据西南民族地区不同地方特色，各地住房也呈现出地方差异。比如四川涉藏地区一些地方住房普遍采用的是木质结构，而一些地方采用的是石质材料的垒置结构；在四川苗族地区，住房又多是砖混或者水泥混凝土结构；在川东北和重庆　些地区，农村住房保留了很多青瓦木架结构类型，墙壁则是由竹条与石灰泥混合制成。但不管住房类型怎样，最终都要实现安全有保障。根据调查员对脱贫户住房的调查，将调查员自己的专业判断和脱贫户自己对住房状况的评价相结合，给出了一个初始打分，打分范围控制在 1~5 分；最后我们根据调查员的初始打分，再将这个打分标准化处理。标准化得分最后的均值为0.618，标准差为0.145，最小值为0.167，最高分为1，具体统计情况见表5.13，住房的原始得分分布和标准得分分布的核密度估计图见图5.5和图5.6。从表5.13可以看出，得分在（0.4，0.6]、（0.6，0.8]、（0.8，1]区间的样本较多，分别有350、488、200个样本。对比原始得分和标准化得分的核密度估计图，发现两个图分布形式一样，原因在于标准化得分是对原始得分的缩小，所以二者呈现的分布形式完全一样。从核密度估计图更能形象直观地看出得分存在3个较大的波峰，这正好是表5.13反映出来的三个较高得分区间。

表 5.13　脱贫户住房标准化得分

住房原始得分/分	标准化得分 （原始得分/5）/分	样本数量/种	样本累积/%
0	0	0	0
（0，1]	（0，0.2]	11	0.98
（1，2]	（0.2，0.4]	77	7.81
（2，3]	（0.4，0.6]	350	38.86
（3，4]	（0.6，0.8]	488	82.17
（4，5]	（0.8，1]	200	99.91
1	1	1	100.00

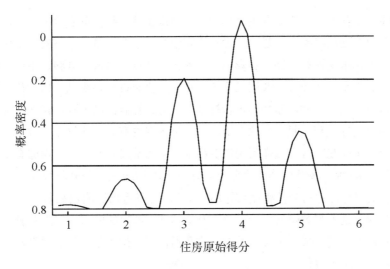

图 5.5 住房原始得分核密度估计

注：核函数为叶帕涅奇尼科夫函数，带宽为 0.016 37。

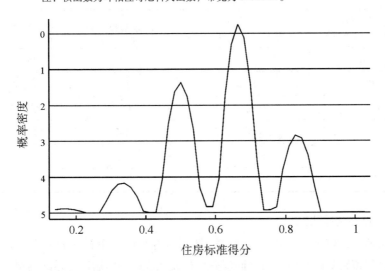

图 5.6 住房标准化得分核密度估计

注：核函数为叶帕涅奇尼科夫函数，带宽为 0.027 3。

2. 拥有耐用品情况

耐用品的拥有量反映了家庭本来具有的物质资本量，同时这些耐用品本身就是生产和生活的重要工具，对耐用品的消费使用，可以增强家庭的生产能力，提高家庭生活水平，从整体上有利于促进家庭生计能力的发展。比如自行车、摩托车、二轮车，在农村既是重要的交通工具，同时在一定条件下又是重要的生产工具，如三轮车既可以作为农用装载工具，提高务农效率，又可以作为市场上流动的小摊车，是一些做小买卖农户的必要设备。本书对以下耐用品的拥有使用情况进行了调查：彩电、洗衣机、空调、冰箱、电脑、手机、电动自行车、汽车、摩托车、农用三轮车、货车、收割机、旋耕机、播种机。按照每个脱贫户拥有的耐用品种类进行标准化打分，拥有的品种数量越多，得分越高。通过统计发现，脱贫户拥有耐用品种类最多的有8种，但样本数不高，只有2个。不存在脱贫户一样耐用消费品都没有的情况，脱贫户平均拥有耐用品数量为3.89种。按照标准化得分公式计算出的标准化得分分段统计情况见表5.14。通过标准化得分核密度估计图（5.7）可以看出，耐用品得分基本符合正态分布，绝大多数脱贫户的得分在0.2~0.8，两边的极端分布人数较少，也说明耐用品消费已成为平常百姓的日常普通消费，这也是农村普通百姓生活水平提高的一个重要体现。

表5.14　脱贫户耐用品标准化得分

脱贫户有耐用品种类/种	标准化得分（耐用品种类/8）/分	样本数量/户	样本累积/%
0	0	0	0.00
(0, 2]	(0, 0.25]	154	13.68
(2, 4]	(0.25, 0.5]	601	67.05
(4, 6]	(0.5, 0.75]	347	97.87
(6, 8)	(0.75, 1)	22	99.82
8	1	2	100.00

3. 道路交通状况

交通道路属于公共基础设施，一般国家都是以一个村或者一个社区为单位，进行道路基础设施建设。同属一个村或社区的不同居民对道路的使用是同质的。但是考虑到每个贫困户与公路的具体距离的差异可能会导致公路惠及脱贫户的程度略有不同。因此，在调查道路基础设施时，仍然是以村为单位进行调查，然后综合参考每个贫困家庭位置实际情况。对道路按照四个类型进行分类：一是柏油/水泥路，二是沥青混凝土路，三是砂石路，四是土路。同时观察道路两边是否有路灯，道路的宽度标准，弯曲程度等情况，结合每个脱贫户的家庭位置，由调查员按照统一的判断标准打分，原始得分范围在0~4。具体统计情况见表5.15。

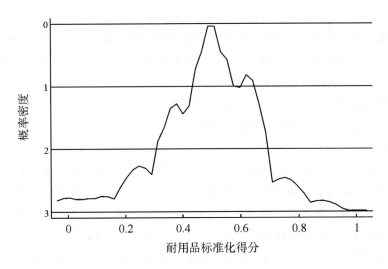

图 5.7　耐用品标准化得分核密度估计

注：核函数为叶帕涅奇尼科夫函数，带宽为 0.037 8。

表 5.15　脱贫户道路交通标准化得分

脱贫户道路交通原始得分/分	标准化得分（道路类型/4）/分	样本数量/种	样本累积/%
0	0	0	0.00
(0，1]	(0，0.25]	65	5.77
(1，2]	(0.25，0.5]	26	8.07
(2，3]	(0.5，0.75]	133	19.88
(3，4)	(0.75，1)	0	19.88
4	1	903	100.00

4. 医疗卫生状况

医疗卫生保障水平与贫困息息相关。大量研究表明，医疗卫生条件落后，医疗保障政策缺乏，使得居民"小病不敢看、大病看不好""小病拖成大病"，"因病致贫、因贫致病"的恶性循环成为贫困生成的重要原因。因此，从政府角度不断加强对贫困地区医疗卫生的硬件和软件设施投入，建立和完善医疗保障政策，提高居民健康水平，防止"病贫转化"是物质资本反贫困的重要内容之一。我国农村反贫困一直致力于提高贫困地区医疗卫生水平，建立基本的农村医疗保障体系。从目前来看，乡镇卫生中心、村卫生站按照标准建立，住院床位按照服务人数配齐，健康检查的基本医疗设施按照规定配置。另外，农村基本医疗保障全覆盖，贫困户医保缴费由政府买单，贫困户住院看病县域内按照相关政策基本全部报销，达到"小病不用拖，大病看得起，有病要就医"的状态。西南民族农村贫困地区在精准扶贫政策帮助下，医疗卫生水平得到极大提高，而且医疗卫生设施按照标准化的要求由政府提供，对每个脱贫户而言，政府提供的医疗卫生公共设施和服务都是一样的，几乎不存在差异性，因此每一个脱贫户的该项得分都赋值为1。

5. 教育状况

这里的教育状况是针对政府对贫困地区的教育基础设施投入而言的，因此将其纳入物质资本范畴考察。这里不涉及每个家庭和成员各自的教育水平差异，每个家庭的教育水平状况是人力资本的考察范畴。在九年义务教育政策下，贫困地区基础教育设施投入加大，学校基础设施得到极大改善，教师按照师生比原则配备，乡镇中心学校校舍建设得美观、安全，实验室按照需求相应建立，各种教学的器材、实验器材一应具备。国家在西南民族地区的教育基础设施投入上更是加大政策倾斜力度，西南民族地区农村的教育基础设施在精准扶贫政策下也是按照标准化的要求建设，教育设施的硬件水平不存在明显差异，广大民众在享受教育基础设施的权利和机会差异不是很大。基于此，每一个脱贫户的该项得分都赋值为1。

5.2.3.4 金融资本

金融资本在现代社会的作用越来越重要。随着经济体系的不断成熟，金融市场越来越发达，越来越多的人通过金融市场获得更多的收益渠道，同时也获得了新的对冲风险的途径。金融资本对于普通老百姓来说已经成为一种重要的生计资本，增加脱贫户金融资本存量，也是现代社会反贫困的重要手段。根据金融资本的内涵，本书通过三个方面反映金融资本的状况。一是每年的资金增量，它是各种货币性收入总和，分为有偿性收入（通过自己的劳动和凭借拥有的各种要素获取的收入报酬）和无偿性收入（通过政府、社会帮扶等获得的补贴收入）。二是理财能力，通过脱贫户掌握的一些基本金融和理财知识来反映。三是获取信用的能力，通过从亲戚朋友、金融机构获取借款的情况来反映。

1. 资金增量

资金增量调查信息问卷的物质资本调查部分（问卷见附录1）获得。通过调查脱贫户去年一年的包括生产经营所得、打工、补贴等所有货币收入获得。从脱贫户资金增量核密度估计（见图5.8）看，分布曲线呈现左单峰、右拖尾的特征。左单峰说明脱贫户绝大多数资金增量集中在较低值附近，是偏低水平状态；拖尾说明脱贫户中资金增量偏高的极少。这整体反映了脱贫户年资金增量偏低。

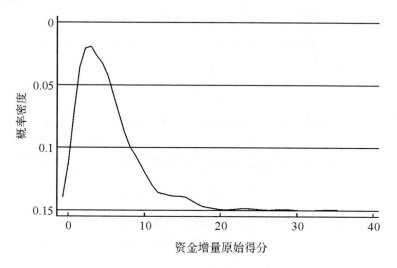

图 5.8　脱贫户资金增量核密度估计

注：核函数为叶帕涅奇尼科夫函数，带宽为 0.776 1。

　　将脱贫户资金增量进行标准化打分，用正向指标打分的公式获得标准化得分，得分统计情况见表 5.16。贫困户得分有一半以上低于 0.25，样本为 621户，占比为 55.10%；得分在（0.25，0.5]这个区间的样本数也较多，高达382 户，占样本比近 34%；得分低于 0.5 的累积样本占比达到了 89%，占到了整个样本的绝大部分；得分高于 0.75 的样本只有 36 户，占样本比为 3.19%，非常低。标准化得分的核密度图见图 5.9。

表 5.16　脱贫户资金增量标准化得分

标准化得分/分	样本数量/户	占样本比例/%	样本累积/%
0	0	0.00	0
（0，0.25]	621	55.10	55.10
（0.25，0.5]	382	33.90	89.00
（0.5，0.75]	87	7.72	96.72
（0.75，1）	36	3.19	99.91
1	1	0.09	100.00

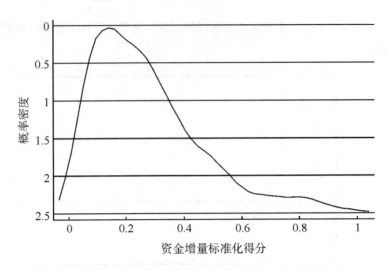

图 5.9　资金增量标准化得分核密度估计

注：核函数为叶帕涅奇尼科夫函数，带宽为 0.040 2。

2. 理财能力

理财能力主要与个人业务的投资、金融相关的理财知识情况相联系。个人理财知识主要是看受访者对相关的金融理财类的题目的作答情况。根据脱贫户回答的几道测试题，主要从这几个方面判断：一是答案是否正确；二是是否有意识地去比较一些投资行为；三是对金融市场的态度是排斥还是接受。综合每一个回答者的答案，先打出一个原始分（最高分为 5 分，最低分为 0 分），然后将原始得分标准化（标准化得分情况见表 5.17）。由于原始得分不具连续性，最高分为 4 分，然后是 2 分、1 分，因此标准化得分也是非连续性的，共有三个标准化的得分。

表 5.17　理财能力标准化得分

标准化得分/分	样本数量/户	占样本比例/%	样本累积/%
0	0	0.00	0
0.25	1 028	91.22	91.22
0.75	60	5.32	96.54
1	39	3.46	100.00

3. 获取信用能力

获取信用能力反映了个人在遇到流动性困难时通过信用方式解决生存发展

困境的能力。在考察获取信用能力时，分两类情况，一类是在需要借款时自己无法通过任何渠道获得借款，另一类是可以通过亲戚朋友、金融机构等获取借款。显然第一类没有获取信用能力，第二类获取信用的能力要根据借款来源的不同进行比较。比如一般情况下，从自己父母、兄弟、姐妹等直系亲属处借款要比其他亲朋容易得多，从亲戚朋友处借款又要比从银行等金融机构容易些。综合这些信息，先由调查员对受访者获取信用能力初步打分，然后再根据这些打分进行标准化处理，统计情况见表5.18。

表5.18　获取信用能力标准化得分

标准化得分/分	占样本比例/%	样本累积/%
0.2	61.54	61.54
0.4	20.84	82.38
0.6	10.67	93.05
0.8	2.73	95.78
1	4.22	100.00

5.2.3.5　社会资本

按照可持续生计分析框架，社会资本是作为个人交往能力考察维度的资本。在本书中，对社会资本的测度主要是从四个方面去进行。第一，社会声望。社会声望反映个人在社会上的声誉和地位，是社会众多成员给予个人的无形评价，声望越高，越具有号召力和影响力。第二，社会信任。社会信任主要是个人本身对处在社会之中的除家庭成员之外的其他人员的信任，这种社会信任可以影响一个人在社会上与他人交往的情况，从而在一定程度上制约一个人的社会交际网络。第三，社会网络。每个人都处于一个关系的社会网络之中，每个人都是这个社会网络中的一个节点，个人与网络之中其他人的互动关系，构成了个人社会网络。第四，社会参与。个人参与社区、村委工作的情况，个人为了获得收入参与社会工作的情况，个人本身的社交能力情况，这些从主观和客观上体现了一个人的社会参与状况。

1. 社会声望

对于脱贫户社会声望的衡量，调查采用个人主观回答和调查者客观判断相结合的方式进行。主要从三个方面去测度：一是个人自我感觉在村中的威望如何，二是村委会决策听取本人意见的情况，三是直系亲属有无当领导干部的。个人对社会声望的自我评价只要是基于事实回答，一般都较为准确，因此可信度比较高；村委会决策对于个人意见的听取一方面反映个人本身有较强的建言献策能力，另一方面表明村委会很尊重个人意见，这是声望的体现；直系亲属中有当干部的，在中国社会特别是农村社会中，其家庭成员的社会地位和声望会大大提高。这三个方面一起形成了社会声望得分的最低一层指标，再根据这三个指标的得分和权重，计算出脱贫户社会声望的标准化得分，统计情况见表 5.19。

表 5.19　社会声望标准化得分

标准化得分范围/分	占样本比例/%	样本累积/%
（0-0.2]	65.21	65.21
（0.2-0.4]	25.84	91.05
（0.4-0.6]	5.25	96.3
（0.6-0.8]	3.12	99.42
（0.8-1]	0.58	100

由表 5.19 可知，得分范围在最低区间（0-0.2]的样本比例占到了 65.21%，达到了一半以上，说明大多数脱贫户在当地社会声望不高，对社会和他人的影响力、感染力、号召力不足；在（0.2-0.4]的得分区间的贫困户样本占到 25.84%，由此使得得分低于 0.4 的样本占比达到了 91.05%，说明整个脱贫户只有很少一部分的标准化的得分比例超过 0.4。不到得分一半的，特别是得分在（0.8-1]这个区间的样本占比只有 0.58%，整体反映出脱贫户的社会声望不高。

2. 社会信任

社会信任主要是通过对处于社会之中的其他人的信任情况来考察。社会中的其他人可以分为陌生人和熟人两类，分别考察对这两类人的社会信任得分，然后根据这两个指标的权重，计算出社会信任这一指标的标准化得分情况。关于脱贫户社会信任的标准化得分情况，统计结果见表 5.20。可以看出，脱贫户对社会信任的得分分布比较均匀，在各得分区间的样本占比差别不大。

表 5.20　社会信任标准化得分

标准化得分范围/分	占样本比例/%	样本累积/%
（0-0.2]	21.65	21.65
（0.2-0.4]	23.02	44.67

表5.20(续)

标准化得分范围/分	占样本比例/%	样本累积/%
(0.4-0.6]	22.31	66.98
(0.6-0.8]	27.51	94.49
(0.8-1]	5.51	100

3. 社会网络

对社会网络的测度，一方面通过考察个人得到多少亲朋帮助来反映个人能够获得多少社会关系的支持，另一方面通过用于人情世故交往的花费来反映个人在社会网络中的互动情况。前者是从结果来看个人的社会网络是否给自己带来好处，后者是从过程看自己是否在维持或者发展自己的社会网络，这两方面综合起来可以判断个人的社会网络的水平。根据这两个指标和它们的权重，可以计算出社会网络的标准化得分情况。关于脱贫户标准化得分统计情况，见表5.21。

表5.21　社会网络标准化得分

标准化得分范围/分	占样本比例/%	样本累积/%
(0-0.2]	31.53	31.53
(0.2-0.4]	26.73	58.26
(0.4-0.6]	20.17	78.43
(0.6-0.8]	12.12	90.55
(0.8-1]	9.45	100

4. 社会参与

社会参与的考察，既通过受访者主观的个人判断回答，来看本人对自己的社会交往能力评价。另一方面又通过客观事实，用个人实际参与社区活动的频率和获取收入的工作参与情况来反映本人社区参与的实际能力。通过这种主客观的综合测度判断，最后根据各项指标的得分和加权，得出社会参与指标的标准化得分，统计情况见表5.22。

表5.22　社会参与标准化得分

标准化得分范围/分	占样本比例/%	样本累积/%
(0-0.2]	51.42	51.42

表5.22(续)

标准化得分范围/分	占样本比例/%	样本累积/%
(0.2-0.4]	38.14	89.56
(0.4-0.6]	6.17	95.73
(0.6-0.8]	3.12	98.85
(0.8-1]	1.15	100

5.3 可持续生计能力评估结果

5.3.1 脱贫户与未脱贫户的对照结果

在对脱贫户的生计资本测度基础上，基于可持续生计能力评价指标和权重（附录3），计算出关于可持续生计能力的一级指标得分：发展能力、经济能力、社交能力。再由这三种能力指标的权重，得出可持续生计能力最后的综合标准化得分。对于脱贫户的可持续生计能力的最终测度的统计结果见表5.23。

表5.23 脱贫户可持续生计能力和三种生计能力标准化得分的描述性统计

指标名称	可持续生计能力	发展能力	经济能力	社交能力
均值	0.476 1	0.602 3	0.386 1	0.207 8
最大值	0.687 3	1.000 0	0.562 8	0.913 7
最小值	0.062 1	0.000 0	0.042 7	0.000 2
标准差	0.153 2	0.325 8	0.214 5	0.221 6

按照本书的调查数据形成的评估思路，我们以同样的方法和步骤（和上述脱贫户的可持续生计能力标准化得分计算过程一样）计算未脱贫户可持续生计能力的标准化得分，可持续生计能力和三种生计能力标准化得分统计见表5.24。

表5.24 未脱贫户可持续生计能力和三种生计能力标准化得分的样本描述性统计

指标名称	可持续生计能力	发展能力	经济能力	社交能力
均值	0.402 4	0.521 5	0.298 7	0.190 1

指标名称	可持续 生计能力	发展能力	经济能力	社交能力
最大值	0.621 8	0.943 1	0.512 6	0.792 1
最小值	0.049 5	0.000 0	0.025 2	0.002 1
标准差	0.172 3	0.336 8	0.321 3	0.321 8

通过对比表5.23和表5.24的均值，可以发现表5.23脱贫户的可持续生计能力和各项生计能力的标准化得分均值都要大于表5.24未脱贫户的标准化得分的均值。从两个表格中的描述性统计数据来看，脱贫户的可持续生计能力比未脱贫户的可持续生计能力确实有了明显提高，标准化得分由未脱贫户的0.402 4提升为脱贫户的0.476 1。进一步看三种生计能力的对照情况：从未脱贫到已脱贫，发展能力的标准化得分由0.521 5提升到0.602 3，经济能力的标准化得分由0.298 7提升到0.386 1，社交能力的标准化得分由0.190 1提升到0.207 8。这反映出脱贫户相对于未脱贫户在各项生计能力上也得到了全面提升。

上述两组数据都是从描述性统计视角分析的结果。为了更加科学准确地验证这一结果，还需要从统计学角度推断表5.23和表5.24的均值是否存在显著差异。这就要检验脱贫户和未脱贫户两组样本的可持续生计能力标准化得分的均值是否存在显著性差异。如果它们存在显著性差异，就有充分的理由说明脱贫户的生计能力明显增强了。用stata软件对两组数据的方差进行检验，结果显示两组数据方差不存在显著差异，即方差齐次性，假设两组数据均服从正态分布，通过t检验的方法检验两组样本均值是否存在显著性差异，具体结果见表5.25。

表5.25 脱贫户与未脱贫户可持续生计能力均值差异显著性检验

指标名称	可持续 生计能力	发展能力	经济能力	社交能力
脱贫户	0.476 1	0.602 3	0.386 1	0.207 8
未脱贫户	0.402 4	0.521 5	0.298 7	0.190 1
差异	0.073 7 ***	0.080 8 ***	0.087 4 ***	0.017 7
t 值	6.871 2	8.152 3	11.123	0.128 4

注：*** 表示在1%的水平上显著。

表 5.25 的检验结果显示，脱贫户和未脱贫户的可持续生计能力标准化得分存在显著性差异。因此我们有充分的理由相信，在精准扶贫政策下，贫困户脱贫后的可持续生计能力得到显著性提高，反映了我们的脱贫政策不仅是按照严格的脱贫标准实现对贫困户的脱贫，达到消除绝对贫困的目的，而且从内在能力角度，的的确确是显著提高了脱贫户的可持续生计能力。再从各项生计能力的对照来看，脱贫户的发展能力和经济能力获得显著的提高，但社交能力没有获得显著的提高。这一方面反映了当前脱贫主要是通过提升发展能力和经济能力去增强可持续生计能力，另一方面也启示我们在解决相对贫困的过程中，要更加注重各项生计能力的协调提升，使个人社交能力在解决相对贫困的过程中发挥更加显著的作用。

5.3.2 脱贫户与非贫困户的对照结果

上述脱贫户与未脱贫户的可持续生计能力的对照，反映了脱贫户的可持续生计能力确实有所提高。但是提高到了什么程度、是否已具备了较强的应对风险的能力，是今后在解决相对贫困、防止返贫中需要首先弄清楚的一个问题。这就是说，需要对脱贫户可持续生计能力上升到什么程度的上限进行估计。可以按照同样的方法，将脱贫户与非贫困户可持续生计能力进行对照比较。非贫困户样本是脱贫户可持续生计能力上限的很好的参照组，从整体上来说，这一组样本是非贫困户，已经具备可持续生计能力，在抵御风险、防范灾害、避免陷入贫困等方面具备较好的基础。如果脱贫户的可持续生计能力达到了非贫困户的水平，则说明我们的脱贫攻坚成效显著，不仅脱贫了，而且已经实现了生计可持续目标，脱贫户返贫的可能性比较小；如果还存在较大差距，则表明西南民族地区当前的脱贫政策还必须持续推进一段时间，在可持续生计能力得到进一步增强时，再慢慢考虑调整或退出。

对非贫困户的可持续生计能力和各项生计能力的标准化得分的计算仍然是按照脱贫户可持续生计能力得分采用的方法和程序计算而得，具体的统计情况见表 5.26。

表 5.26　非贫困户可持续生计能力和三种生计能力标准化得分的样本描述性统计

指标名称	可持续生计能力	发展能力	经济能力	社交能力
均值	0.537 8	0.751 4	0.418 2	0.401 8
最大值	0.901 2	1.000 0	0.617 2	0.923 2

表5.26(续)

指标名称	可持续生计能力	发展能力	经济能力	社交能力
最小值	0.063 1	0.087 1	0.048 1	0.002 1
标准差	0.132 5	0.412 3	0.301 2	0.231 2

同样的方法，对脱贫户和非贫困户的均值差异显著性检验用 stata 软件进行，检验的重要指标见表5.27。从表5.27可以看出，非贫困户组相对于脱贫户组，可持续生计能力和发展能力、经济能力、社交能力的标准化得分均要高出0.061 7、0.149 1、0.032 1、0.194 0，而且这种差异在1%的水平上显著。这反映的事实是，脱贫户虽然已经对标脱贫，他们的可持续生计能力也有了显著提升，但是没有达到非贫困户的水平，而且从发展能力、经济能力、社交能力三个方面都还存在显著差距。因此，就返贫来说，西南民族地区脱贫户中仍然有一部分人存在返贫风险，其可持续生计能力还需不断地巩固提升，巩固脱贫成果和防止返贫还需久久为功。

表 5.27　脱贫户与非贫困户可持续生计能力均值差异显著性检验

指标名称	可持续生计能力	发展能力	经济能力	社交能力
非贫困户	0.537 8	0.751 4	0.418 2	0.401 8
脱贫户	0.476 1	0.602 3	0.386 1	0.207 8
差异	0.061 7 ***	0.149 1 ***	0.032 1 ***	0.194 0 ***
t 值	7.216 7	6.509 1	9.571 7	5.091 2

注：*** 表示在1%的水平上显著。

5.3.3　结论

根据可持续生计分析框架，对西南民族地区脱贫户的可持续生计能力进行评估。按照调查的三类样本组——脱贫户、未脱贫户、非贫困户，通过对照比较分析脱贫户和未脱贫户、非贫困户的可持续生计能力，从而明确脱贫户当前可持续生计能力的水平状况。这三个样本组恰恰是很好的实验组，具有很强的指示意义。脱贫户是我们关注的重点，他们是在精准扶贫、精准脱贫政策下，严格按照脱贫标准、脱贫程序逐一退出的贫困户，这组完完全全经历了精准脱贫政策的作用。通过这一组与其他组的比较可以在一定程度上反映出脱贫政策的绩效。未脱贫户是还没有达到脱贫标准因而没有按照脱贫程序精准退出的贫困户，他们可以被看成处于贫困中的对照组，作为脱贫户可持续生计能力是否提升的下限标准。非贫困户可以看成具备抵御贫困风险能力的组，这一组作为脱贫户可持续生计能力提升程度的上限标准。

通过分析可以知道，脱贫户相对于未脱贫户，可持续生计能力获得显著提升。就调查样本组获得的可持续生计能力看，显著提升了 0.073 7，这是一个明显的进步。同时，结合实际分析还可以知道，脱贫户的可持续生计能力相对于他们之前的可持续生计能力，提升程度肯定是大于 0.073 7。因为未脱贫户组虽然没有脱贫，但是他们仍然享受了脱贫政策，参与脱贫过程后，他们的生计资本也会相对于之前得到不同程度的提升，可持续生计能力也会有所增强。因此脱贫户组与未脱贫户组的可持续生计能力比较，其结果实际上低估了脱贫政策对可持续生计能力增强的作用。基于此，我们可以非常有信心地认为，精准扶贫政策显著提升了贫困户的可持续生计能力，其中脱贫户的可持续生计标准化得分提升值一定大于 0.073 7。

就脱贫户与非贫困户的可持续生计能力来看，两者还存在显著差距。这种差距主要体现在发展能力、经济能力、社交能力三个方面。这说明脱贫户虽已脱贫，但稳定性还不是很强，还需要一定时间继续巩固提升。这主要是因为西南民族地区很多地方属于深度贫困地区，底子差、基础弱，很多贫困户的可持续生计能力的提升和巩固不是一蹴而就的，也不是一劳永逸的，需要持续不断地继续加强工作。因此，从脱贫摘帽之日起，设定合理的过渡期，保持脱贫政策的稳定性，根据脱贫户生计能力状况，调整和优化相关政策，构建促进脱贫户可持续生计能力的实现机制和制度保障，是今后巩固脱贫攻坚成果及实现脱贫攻坚与乡村振兴有机衔接需要重点研究的工作。

5.4 本章小结

这一章属于实证研究部分。首先介绍如何构建可持续生计能力评价指标体系，然后说明研究的评估思路，最后对得出的评估结果进行分析。

构建可持续生计能力评价指标，核心在于对生计资本的测度，形成对可持续生计能力中关于发展能力、经济能力、社交能力的定量测度。整个指标体系以 28 个四级指标（基础指标）、15 个三级指标、5 个二级指标（5 个生计资本）、3 个一级指标（发展能力、经济能力、社交能力）逐级降维，最后形成一个反映生计能力的综合指数。

　　通过构建的可持续生计能力评价指标，将脱贫户可持续生计能力、未脱贫户的可持续生计能力、非贫困户的可持续生计能力测算出来进行比较，判断脱贫户相对于未脱贫户是否有显著的改善，与非贫困户是否还有明显差距，由此推断脱贫户可持续生计能力状况。通过测算比较，发现脱贫户相对于未脱贫户，可持续生计能力获得显著提升，综合评价指数显著提升了 0.073 7，这是一个明显的进步。就脱贫户与非贫困户的可持续生计能力看，两者还存在显著差距，说明脱贫户虽已脱贫，但稳定性还不是很强，还需要一定时间继续巩固提升。

6 西南民族地区脱贫户可持续生计实现机制

在回顾历史与精准把握现实的基础上，展开对西南民族地区脱贫户可持续生计实现机制的研究是本书的重点。西南民族地区消除绝对贫困是在党中央领导下充分发挥社会主义制度优势，各方力量积极参与的结果。西南民族地区的脱贫攻坚可以说是一场"人民大会战"，取得消除绝对贫困这样的胜利是"人民战争"的结果。在脱贫攻坚宣告胜利之后，要防止规模性的返贫、构建提升脱贫户可持续生计能力机制，仍然需要从我们党领导这场史无前例的脱贫攻坚战役过程中去总结和提炼，通过将这些宝贵经验结合具体实际，转化为脱贫户可持续生计能力实现机制。

6.1 可持续生计实现机制的框架

6.1.1 基本内容

西南民族地区脱贫户可持续生计实现机制的基本内容及其在整个机制框架中的地位如下：

强化党的领导核心作用是根本。以历史与现实经验总结均可以看出，正是由于党的坚强领导，坚持以人民为中心的发展思想，充分发挥党统揽全局、协调各方的作用，才能够为助推民族地区经济发展、提升民族地区人民群众可持续生计能力汇聚强大力量。

完善促进西南民族地区整体发展的政策机制是基础。西南民族地区从新中国成立以来能够不断取得民生建设成就，人民群众生计能力不断提高，最终消除绝对贫困，主要还是在于国家出台的各项促进民族地区整体发展的照顾性政策，夯实了解决贫困问题、提高可持续生计能力的物质基础。

建立健全巩固拓展脱贫攻坚成果长效机制是关键。脱贫攻坚是一项系统性工程，目标是要实现贫困户脱贫，但却不仅限于此，其他成效也是贫困户脱贫的基础。防止脱贫户返贫，需要继续巩固和拓展脱贫攻坚成果，并形成长效机制，从而不断积累生计能力提升的重要因素。

健全西南民族地区低收入人口常态化帮扶机制是重点。消除了绝对贫困，并没有消除低收入。脱贫户在后续的发展过程中生计能力不足，最容易成为低收入群体。通过建立低收入人口的识别标准，形成低收入人口的自动识别机制，对这部分人群进行重点跟踪和关注，构建起返贫致贫的预警机制，进行持续帮扶。还要引导低收入人口之间互助合作，同时对特殊低收入群体实行政策兜底，保障他们的基本生活。

构建西南民族地区脱贫攻坚与乡村振兴的有效衔接机制是核心。随着全面建成小康社会的胜利，西南民族地区农村工作重点已经由精准脱贫、精准扶贫转向乡村振兴。从长期而言，今后解决西南民族地区农村人口可持续生计能力问题，应该在乡村振兴的基本行动框架下去实现。因此，构建西南民族地区脱贫攻坚与乡村振兴的有效衔接机制，将脱贫攻坚的系列做法、系列机制有效转换成乡村振兴的政策和机制是今后重要的工作。

6.1.2　基本逻辑

图 6.1 是西南民族地区可持续生计实现机制的逻辑框架图。在整个机制中，强化党的领导核心作用是根本性的，是其他机制得以构建和良好运行的前提，居于统揽性的地位。没有党的坚强领导，就不可能形成防止返贫、提升生计能力的各种有效政策和机制。

正是在党的领导下，我们才能够制定和完善促进西南民族地区整体发展的政策机制。这一机制在可持续生计能力实现机制体系中可以从一般性层面保障西南民族地区经济发展、不断追赶发达地区经济水平、实现人民群众生计能力不断提高和生活水平不断改善。

巩固拓展脱贫攻坚成果长效机制、低收入人口常态化帮扶机制、脱贫攻坚与乡村振兴的有效衔接机制是分别从逻辑递进的三个重要层面去构建脱贫户可持续生计的实现机制，这里面的逻辑递进关系如下：

脱贫户脱贫后，第一要务是巩固拓展在脱贫攻坚过程中取得的各种成效，进一步夯实稳定脱贫的基础。但脱贫户不是全部都能够在这一巩固过程中实现可持续生计的能力，达到脱贫致富不返贫的目标。因此，需要一个低收入人口常态化帮扶机制，去响应那些在巩固提升过程中"掉队"，进入低收入群体的脱贫户，对他们进行跟踪帮扶，防止返贫。进一步延伸，从长期来看，在农村脱贫攻坚结束之后，农村所有低收入问题、返贫问题、可持续生计能力提升问题等，都将是乡村振兴需要解决的问题。所以要构建脱贫攻坚与乡村振兴的有效衔接机制，不断完善乡村振兴的体制机制，把上述所有问题纳入乡村振兴框架内解决。

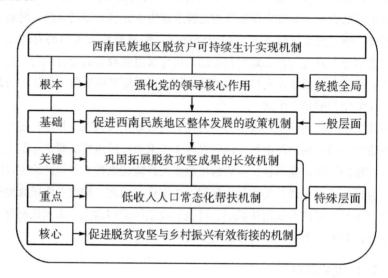

图6.1　西南民族地区可持续生计实现机制的逻辑框架图

6.2　强化党的领导核心作用

贫困是一个复杂的社会问题，消除贫困更是一个复杂的系统工程。从人类反贫困的历史中可以看出，贫困是社会发展中的一种现象，单靠贫困者自身往往无力摆脱贫困状态，必须借助外力的推拉作用才能跳出贫困陷阱。在国家产生后，政府常常成为这个外力的实施主体。随着近代社会政党的产生，政党执掌政权，解决社会贫困问题便成了执政党治国理政的重要内容，因此，执政党在解决贫困问题方面日益发挥着主导性作用。但执政党的阶级属性不一样，它的价值追求、执政理念、人本情怀亦有差异，决定了执政党执政对于社会贫困的关注程度和实施反贫困行动的力度也不一样。

6.2.1 党的领导是根本保障

6.2.1.1 反贫困供给品特殊属性

从其属性来看，贫困是贫困者个人体现出的多种原因导致的生活处境困难、需要获得帮助的私（个）人问题，更重要的是它与经济社会发展规律要求的科学发展、包容性发展相悖，已经超越了私人范畴，具有了社会层面的影响性，是一个典型的社会问题。贫困群体的规模扩大、贫困程度的加深将严重损害整个国家经济发展潜力，成为经济健康发展的重要制约因素。首先，贫困人口规模的扩大，使得社会有支付消费能力的群体大大缩小；贫困程度的加深，使得社会收入极化问题严重，既影响到了社会内需的扩大甚至造成内需萎缩，同时又使得贫困人口的基本需求得不到满足，影响到劳动力人口的再生产。这些影响会造成经济系统生产—分配—交换—消费的循环不畅，经济比例失调，最终使经济发展陷入危机，影响到社会成员的经济利益，这是实现经济持续健康发展需要解决的问题。另外，贫困群体规模扩大、程度加深，会使得社会群体对立加剧、各种矛盾加深、利益分配更加失衡，达到一定程度甚至会影响到社会的安定和谐，威胁到国家政权的稳定，损害统治阶级的利益，全体社会成员也会因社会动荡、冲突而遭受损失，这是社会包容性发展需要解决的问题。基于贫困的这种特殊属性，反贫困具有明显的公益性，它不仅使得贫困者可以借此摆脱贫困状态，其他社会成员也会从中受益，因此，从产权理论来看，反贫困的制度、政策、行为等就具有公益性和公共品性质。

从产权理论来看，由于公共品的产权不清晰，谁都可以从中受益，因此私人提供公共品的动力就不足，必须要由国家政府作为行为主体承担提供公共品的责任。反贫困具有公益性和公共品性质，从社会层面讲，就决定了必须由政府作为主体来承担提供相应责任，才能保证社会反贫困力度符合社会需求，仅靠市场、慈善机构等不能够提供充分的反贫困供给。所以不管是奴隶社会、封建社会还是资本主义社会，政府都会不同程度关注社会贫困问题，提供一系列反贫困措施，这一点已经超越了阶级和意识形态的界限，成为广泛共识。但资本主义社会的反贫困力度是与资产阶级的统治利益紧密联系的。资本主义社会的反贫困，其主要目的不是解决贫困者个人的经济生活窘迫状态，而是为了防止经济系统循环不畅、资本主义生产受阻、陷入经济危机，是为维护整个社会的经济系统的正常运转、保护资产阶级的既得经济利益服务的；也不是为了让贫困者获得更多的权利，而是担心贫困群体规模过大、程度加深，影响到社会稳定、威胁到资产阶级的统治地位，是为维护资产阶级的政治利益服务的。这就决定了资本主义社会提供的反贫困行为的力度不会达到在现有生产力水平下解决社会贫困真正需要的程度，只会到刚好能维护资产阶级的经济、政治利益不受损的临界点就停止。但即便是达到这一临界点，也必须得由资本主义社会的政府作为行为主体才能达到。

6.2.1.2 中国共产党的使命与西南民族地区的现实要求

我国是社会主义国家，坚持马克思主义在意识形态领域的指导地位的根本制度，而人民性是马克思主义最鲜明的品格。作为社会主义国家执政的无产阶级政党，中国共产党没有自己的特殊利益，始终坚持人民至上的原则，秉持以人民为中心的发展思想。从中国共产党成立开始，就将为中国人民谋幸福、为中华民族谋复兴作为自己的使命，100 年来矢志不渝、初心不改。从嘉兴南湖红船起航，到新中国成立，奠定了反贫困的基础；从改革开放时制定三步走发展战略，到 21 世纪头 20 年完成全面建成小康社会，实现"第一个百年"奋斗目标，中国共产党的百年奋斗历程就是要让全体人民过上幸福美好生活。西南民族地区是我国少数民族重要聚集地区，保障这一区域整体脱贫后不返贫、贫困户生计可持续，是党的使命所在。

同时，强化党的领导核心作用也是西南民族地区的现实要求。西南民族地区的经济基础薄弱、生态环境脆弱、地理位置闭塞、社会发展落后，在教育事业发展、人才资源聚集、干部队伍建设等方面存在短板。在脱贫攻坚过程中，正是发挥了党的领导核心作用，通过国家制度优势，举全国之力，实行东西协作扶贫、对口支援帮扶、定点支援帮扶，充分发挥社会、企业、个人等全方位力量，形成大扶贫格局，才凝聚成强大的扶贫洪流，完成了西南民族地区整体脱贫的艰巨任务。脱贫摘帽不是终点，而是新生活、新奋斗的起点，西南民族地区脱贫摘帽后的最大任务是实现稳定脱贫、生计可持续，这更需要强化党在这一过程中的领导核心作用，才能保障前期形成的巩固脱贫攻坚力量和体系继续加强和改善，从而形成促进可持续生计能力不断增强的长效机制。

6.2.2 党领导下的抑制返贫致贫机制

西南民族地区的脱贫关键在党的领导，巩固脱贫、实现生计可持续的关键也在党的领导。党在这一领导过程中建立了许多起着关键作用的机制，需要在实现生计可持续过程中，继续强化和优化。这主要体现在如下方面。

强化五级书记一起抓的作用机制。党在领导打赢脱贫攻坚战过程中形成了省、市、县、乡、村五级书记一起抓脱贫的联动机制，充分发挥了各级党委统揽全局、协调各方的领导核心作用。这一作用机制，把党的力量从中央到地方连接一起，各级书记又通过各级党委（支部）的力量横向延展，把各个职能部门纳入这一工作体系，形成了党领导"纵向到底、横向到边"的作用体系，打通了从中央到地方政策落实、资源下达的堵点，汇聚了各个部门的力量，形成了一个以五级书记为节点的党的领导网络，强有力地推动脱贫攻坚向前发展。在西南民族地区巩固脱贫攻坚成果、实现脱贫户生计可持续，需要不断强化这一作用机制，使得五级书记上下形成强大合力。根据现实情况，在下一阶段中，要重点形成和完善如下工作机制：一是各级书记主持召开对巩固脱贫攻坚成果相关重大事宜专题会议的议事机制，确保把巩固脱贫攻坚成果始终作为一项重要工作来抓；二是上一级书记对下一级书记巩固的直接领导机制，确保政策制定、落实科学有效；三是五级书记对巩固脱贫攻坚成果专项事宜的推进落实情况常态化督查机制，确保巩固脱贫攻坚成果不走形式、有实效。五级书记一起抓的作用机制，最终确保党的领导力不断加强、党的决策精神高效落地、落实、落细。

强化巩固脱贫攻坚成果党委领导下的一把手主体责任机制。要加强党对巩固脱贫攻坚成果的领导，必须要强化党委领导下的书记一把手主体责任制。在中央领导统筹下，各省围绕本省民族地区的具体情况，组织出台规划巩固脱贫攻坚成果的具体战略、细则；各市州要结合本地具体情况细化政策、目标，统筹安排各县区的工作任务；县域是巩固脱贫攻坚成果的主战场，与农村基层关系紧密，县一级党委书记要亲自挂帅、出征、督战，以上率下、身先士卒，把主体责任扛在肩上；乡、村两级是政策落地的关键层级，要长期扎在一线、干在一线。各级书记要明确主体责任，层层签订责任书，立下军令状，确保脱贫后西南民族地区不会大面积返贫、脱贫户生计可持续。对履行责任工作不力、造成脱贫攻坚成果受到损失的，要对各主体责任人直接问责，以确保主体责任人始终高度重视这一工作。

强化党领导下的力量动员机制。要发挥党领导下的制度优势，坚持全国一盘棋思路，充分发挥党统揽全局、协调各方的作用，把全国各方力量汇聚成攻坚克难的强大合力。党领导下的力量动员机制主要体现在广泛动员和凝聚全社会力量的体制机制，主要表现在脱贫攻坚中形成的专项扶贫、行业扶贫、社会扶贫等多方力量、多种举措有机结合和互为支撑的"三位一体"大扶贫格局。专项扶贫，是指包括易地扶贫搬迁、整村推进、以工代赈、产业扶贫、就业促进、扶贫试点、革命老区建设等在内的扶贫措施；行业扶贫，是指包括明确部门职责、发展特色产业、开展科技扶贫、完善基础设施、发展教育文化事业、改善公共卫生和人口服务管理、完善社会保障制度、重视能源和生态环境建设等内容的扶贫措施；社会扶贫，是指包括加强定点扶贫、推进东西部扶贫协作、发挥军队和武警部门的作用、动员企业和社会各界参与扶贫等主要内容的全社会力量参与。对于西南民族地区，在巩固脱贫攻坚过程中，要继续完善这种"三位一体"的大扶贫格局，使之与解决相对贫困和促进西南民族地区乡村振兴有机衔接。特别是要充分发挥党领导下的东西部扶贫协作机制、党政机关定点扶贫机制、国有企业对口帮扶机制，使之转化为巩固脱贫攻坚成果的常态化力量机制。

强化党领导下严格的考核评估机制。实行最严格的考核评估制度是确保脱贫攻坚取得实效的重要保障。党中央在推进脱贫进程中，形成了一套完整的考核评估体系，起到了保持压力、促进落实的作用。考核形式涉及交叉考核、第三方评估考核、媒体暗访考核、资金绩效考核，考核内容涉及政策落实是否到位、主体责任是否落实到位、帮扶对象是否精准、帮扶措施是否精准、贫困退出是否精准，同时将定量考核和定性考核相结合、年终考核和平时考核相结合，考核最终以人民满意不满意为判别标准。在新阶段，这一机制还需要继续完善形式和内容，将其与巩固西南民族地区脱贫攻坚成果的任务对接，确保脱贫后我们党领导下的巩固脱贫攻坚成果力量不会减弱、责任主体不放松、延续的政策落实到位，为实现共同富裕奠定基础。

6.3 完善促进西南民族地区整体发展的政策机制

发展仍然是解决一切问题的关键，继续通过完善各项倾斜性政策促进西南民族地区经济整体向前大跨越，是从一般层面上保证西南民族地区脱贫户生计可持续的基础。通过促进西南民族地区整体经济社会发展，不断创造就业岗位、提高收入水平、提升保障能力，可以提高人民群众物质资本积累。在具体政策上，通过完善财政税收、金融信贷等政策支持体系，可以促进人民群众金融资本的积累；通过完善东西协作、定点帮扶体系，可以增强人民群众的社会资本积累。因此，在促进西南民族地区整体发展的政策机制中，要重点促进物质资本、金融资本、社会资本的积累发展，从而通过重点提高脱贫户经济能力和交际能力来提升其可持续生计能力。

6.3.1 完善财税支持体系

西南民族地区是一个经济发展相对落后的民族聚集区，特别是在四川的

"三州"① 一些区县，经济基础薄弱，现代经济体系没有建立起来，税源少，创造财政收入的能力不足，甚至确保当地政府基本运转经费的能力也不足，需要依靠上级财政转移支付。要促进这一地区经济发展，必须通过中央和省市常态化的财政投入政策体系保障。

一是构建激励性的确保地方政府、机构有效运转的财政转移支付机制。地方党委、政府等各职能机构是推动一方经济发展的主体力量，要充分保证地方推动经济发展的积极性，必须要保障地方运转所必要的设施设备，以及艰苦环境下工作人员的相应待遇，同时还要提供吸纳优秀人才支援民族地区经济发展的资金保障。西南民族地区的很多区县财政收入缺乏，但地方政府、机构运转开支较大，呈现入不敷出的局面，长期需要依靠上级财政转移支付。要激发地方政府推动经济发展的积极性，需要优化完善地方机构运转的财政支持体系，构建激励相容的财政转移支付机制，激发地方各职能部门推动经济发展、促进人民增收、提升民生水平的工作积极性。

二是完善财政投入推动民族地区项目开发的政策。以项目促发展是我国推动经济发展的重要措施，推进西南民族地区整体发展，离不开大、中、小型项目的推动。要推动促进发展的各种项目，特别是关系地区经济发展的重大项目，离不开财政投入。完善财政投入推动民族地区项目开发的政策，要以加快项目立项、启动、推进和运营为目标。结合西南民族地区当地资源、环境、人文特色，在推进特色资源开发和产业发展，推进通信、交通、文化、体育等基础设施建设，推进大型公共工程建设等方面，需要形成具有财政支持的有效配套政策，从项目立项论证到启动实施全程参与，才能为这些项目的加快实施提供必要保障，为经济社会发展提供动力。

三是完善财政投入确保社会基本保障性支出正常开支的机制。西南民族地区财政收入低，但社会基本保障性支出比如医疗保障性支出、教育保障性支出、生态保护保障性支出大，特别是针对低收入群体的兜底性保障支出，都需要以各级财政投入为基础。完善财政投入确保社会基本保障性支出正常开支的机制，要以完善西南民族地区社会保障体系、不断提高社会保障水平为目标，通过常态化的财政支持，为经济发展提供社会稳定器、安全阀。因此，要完善各级政府部门向西南民族地区倾斜、支援的财政体制机制，实现持续性的财政帮扶。

---

① 这是指四川省的甘孜州、阿坝州、凉山州，这是西南民族地区的重要组成部分，这里分布着藏族、彝族、羌族等少数民族，是我国脱贫攻坚的主战场和巩固脱贫攻坚成果的主阵地。

四是整合财政投入资金，更好发挥财政投入乘数效应。目前中央和省级财政拨付县域地方的大量资金是分条块下去的，比如有对环保、住建、水利、交通、国土、卫生、农业等各领域的财政款项，这些款项到地方后如果使用上也是严格分条块，就会出现资金使用效率不高的问题。应该赋予地方一定权限，可以在一定程度上整合各条块财政资金集中用于当地重点领域，形成财政资金聚集效应。

当前西南民族经济发展的重点是"培基固本"，激发市场主体积极性，扩大经济基本面，促进经济容量扩张和增量提升。持续性的税收支持机制是助力西南民族地区产业从无到有、由小到大的重要力量，是推动西南民族地区经济不断变得强、大、优的重要工具。在这一过程中，需要强化税收机制的支持作用，充分发挥税收助力经济发展的巨大动能。

完善西南民族地区税收支持体系要坚持以下基本原则：

一是要充分发挥税收杠杆政策的作用，促进经济业态、模式、组织的创新。利用当前数字经济发展和新技术革命带来的契机，通过税收减免、税收补贴等政策，促进以数字技术、人工智能、新能源开发利用等为主要内容的企业、电商、平台等的创立和发展，使西南民族地区经济发展在新一轮科技革命带动经济发展的时代能够与全国基本同步，不产生较大的区域差距。

二是通过税收优惠政策保护西南民族地区个体户、私营企业主、合伙企业、专业合作社等市场主体的创新创业积极性和发展能力。西南民族地区经济本身活跃度不够、对外吸引力不足。进一步完善对民族地区的税收减免、税收优惠、税收补贴、出口退税等政策，减少主体发展成本，增强其发展动力，提高其市场竞争力。

三是通过税收优惠政策巩固西南民族地区民族特色企业发展的基础。西南民族地区有很多民族特色产业，往往具有传统工艺利用多、现代科技利用少、产品产量不高等问题，在市场竞争中无法与现代化生产企业竞争，可以通过税收支持政策，将其作为民族非物质文化遗产传承加以保护，作为文化、旅游名牌进行打造。

6.3.2 完善金融信贷支持体系

缺乏必要资本积累是西南民族地区经济发展较为落后的一个重要因素。金融可及性差、金融资本缺乏是西南民族地区群众致贫的原因之一。西南民族地区现代经济发展起步晚、历史短，区域发展资本积累不够，金融市场发育不全，金融工具和产品缺乏，市场融资困难，这些因素严重制约西南民族地区整体经济发展，使得规模大的企业较少，更缺乏有影响力的龙头企业。在现代竞争性的金融资本市场中，西南民族地区从企业到个人，均不同程度存在金融约束，从市场获得正规金融贷款门槛较高，形成发展不充分引起贷款困难、贷款困难又加剧发展不充分的恶性循环。

打破这种恶性循环，需要以强有力的信贷支持政策介入，确保企业成长、个人发展的正常资金贷款需求获得满足。要制定相应政策推动开发性、政策性金融机构加大对西南民族地区的重大专项贷款投入，以信贷推动重大工程项目的上马和落地，以政策性信贷倾斜为西南民族地区经济整体发展提供积累资本。要探索形成以国家财政和政府信誉为担保形式，推动商业性金融机构向西南民族地区的企业特别是中小企业和农村乡村振兴产业投放贷款，解决商业性金融机构不敢放贷、企业发展融资难的困境。要推动农商银行、农业银行、邮政储蓄银行等一批与"三农"关系紧密的银行金融机构建立起支持农民个人发展的小额信贷机制，促进农民创业发展。

6.3.3 完善东西协作结对帮扶体系

西南民族地区处于中国西南偏远地区，改革开放后与东部地区发展差距不断拉大。国家通过发挥社会主义制度优势，形成了让东部先发展起来的省区结对帮扶西部落后地区的对口帮扶机制，这是具有中国特色的实现区域协调发展和共同富裕目标的创新政策，在消除绝对贫困、实现全面建成小康社会中发挥了重要作用。在巩固拓展脱贫攻坚成果和促进乡村振兴时期，需要继续发挥这一机制作用，不断完善东西协作结对帮扶政策体系。

一是进一步充实东西协作结对帮扶力量。东西协作结对帮扶从实践上看效果明显，需要进一步充实这一帮扶力量。东西协作的结对帮扶关系需要在数量上继续增加，在质量上进一步提升。具体到结对帮扶西南民族地区上，要扩大东部帮扶的省区数量，这需要通过中央统筹协调，增加东部先富起来的地区和一些事业单位、国有企业等帮扶责任方，不断增加参与结对帮扶的力量。同时，要制定更加紧密的结对帮扶关系，建立帮扶利益联结机制，形成发展共同体；还要进一步明确东部帮扶省区的主体责任，细化任务、明确目标，建立帮扶的目标时间路线图，形成更为强大的帮扶力量。

二是完善产业协作帮扶机制。要把产业帮扶与合作作为主攻方向，坚持完善产业合作机制，通过产业扶持政策撬动、产业链延伸打造、产业龙头企业引育等，帮助结对地区因地制宜发展特色产业、壮大优势产业、培育新兴产业，推动产业合作提档升级，实现产业互补、合作升级。首先是在特色产业扶持上提档升级。着眼一、二、三产业融合发展，加大对口帮扶地区农产品初加工及精深加工扶持力度，在"种养加""产供销""贸工农"一体化基础上，促进农林牧渔业与加工、流通、旅游、文化、康养等产业深度融合，帮助发展特色林果、民族手工、科技大棚等特色产业项目，全面提升农业发展质量和效益。围绕打造旅游专列、航班专线，帮助建设文化旅游村、培育精品民宿和星级农家乐等，持续发展壮大乡村经济。其次是在龙头企业引育上提档升级。通过设立产业扶持资金，持续强化"龙头企业+基地+合作社+农户"发展模式，充分发挥龙头企业的带动作用，完善产业利益联结机制，比如在凉山州打造"猪产业"基地、在四川涉藏地区打造"牦牛产业"基地，实现饲草种植、肉畜繁育、屠宰加工、市场销售等全链条一体化发展。最后是在园区载体共建上提档升级。进一步完善东西部园区共建机制，助力帮扶县加力打造特色产业园区载体，推动结对地区加强产业园区载体的统筹规划和提升建设，支持已建成园区完善配套、提升能级，打造健康产业生态。

三是完善劳务协作帮扶机制。劳务协作是助力提升帮扶地区群众生计能力、实现其收入增加的最有效方式之一，是东西部协作和对口支援工作的主要内容。聚焦就业增收，重点围绕脱贫群众稳岗就业、就近就业、输转就业、技能培训等内容开展劳务协作，通过抓对接、拓渠道、抓输转等一系列有力举措，不断强化劳务协作组织化、精准化程度，不断推动东西部劳务协作提质增效，构建长期稳定的劳务协作体系。首先持续深化稳岗就业政策。保持政策稳定，落实减税降费、以工代训等用工企业政策，细化完善西南民族地区务工人员在帮扶省区交通、生活、培训、子女教育补贴等政策措施。其次持续深化就近就业政策。鼓励支持市场经营主体吸纳就业，确保财政援助资金扶持的产业项目、引进落地的龙头企业为脱贫群众提供就业岗位。继续支持结对地区在产业园区、基础设施、农村人居环境等帮扶项目建设和管理维护中开展以工代赈，帮助开发乡村公益岗位，提供更多就业机会。最后持续深化技能培训。在主导产业特色突出、基础条件较好的乡村振兴重点帮扶县（市、区）探索建设公共实训基地，组织乡村振兴带头人培训，不断提升脱贫群众的就业创业成功率。

四是完善智力协作支援机制。西南民族地区发展的关键在人才。强有力的人才支持和智力支撑，是经济社会发展的治本之策。要继续发挥对口帮扶地区优势，着眼助力结对地区经济社会全面发展，积极开展干部人才互派和培训交流，深入推进教育、医疗、科技等领域帮扶合作，持续推进"全链条"式教育帮扶、"组团式"医疗帮扶、精准化职教帮扶等民族地区现实需要的帮扶模式建设，推动形成常态化、制度化的智力支援工作机制，构建起人员互动、技术互学的良好氛围，为结对地区经济发展、人民群众生计可持续提供人才支持和智力支撑。首先要推动干部人才交流常态化。持续深化互派干部挂职、学访培训、实地调研等交流工作。严格选派标准，坚持按需选派，引导各类人才到结对地区参与乡村振兴。其次要推动教育医疗帮扶经常化。通过支持结对地区中小学和幼儿园提升改造，帮助建设教育教学设施等，持续深化基础教育帮扶。持续开展"组团式"支教。深化"组团式""院包科""师带徒"医疗帮扶模式。打造"互联网+"医疗健康帮扶模式，拓宽远程诊疗覆盖面，提高远程医疗利用率。最后是推动农业科技帮扶精准化。坚持以补技术为重点，实施"科技帮扶提升"工程，充分发挥科技特派员作用，推广"科技特派员+项目+示范基地"模式，全力帮助结对地区填补技术空白。探索"互联网+"科技帮扶新模式，持续推广"津科帮扶"科技平台，以技术赋能助力产业增效。

五是要持续拓展帮扶领域与形式。东西结对帮扶要创新帮扶模式，丰富帮扶形式。在帮扶领域上以经济发展帮扶为核心，形成覆盖经济、政治、文化、社会、生态文明等各领域的帮扶格局，促进西南民族地区全面发展。同时突出重点抓手，在加强对经济发展帮扶的同时，加大对西南民族地区的教育、医疗卫生、体育文化事业发展的帮扶以及退耕还林等生态保护的支持，加强对西南民族地区地方干部的交流培养，提升西南民族地区干部领导发展的能力。在帮扶形式上，不断拓展优化，突出西南民族地区的实际情况，重在建立和巩固拓展西南民族地区发展的基础，增强其发展自主能力和内生动力。要从以财政支持帮扶为主，向培育产业、孵化企业、支持创业等多方面帮扶拓展，不断完善以产业合作、资源互补、劳务对接、人才交流等为形式的帮扶方式，形成区域协调发展、协同发展、共同发展的良好局面。

6.3.4 完善定点帮扶体系

定点帮扶是我国扶贫政策的重要组成部分。脱贫攻坚结束后，在巩固拓展脱贫攻坚成果时期和乡村振兴时期要继续发挥定点帮扶机制的作用，并不断对其加以完善。随着农村工作重心的转移，定点帮扶也应该由帮扶脱贫转变为帮扶发展和巩固脱贫成果。要在总结定点帮扶经验的基础上，扬优势、补劣势，不断优化定点帮扶机制，充分发挥定点帮扶单位的各自优势。

一是要明确定点帮扶单位具体负责部门和责任人。要推动定点帮扶单位建立专门的帮扶机构或部门，以组织实施帮扶工作。要落实专门的帮扶责任人，明确定点帮扶单位一把手是主体责任人，定点帮扶单位专门机构负责人是直接责任人。建立以帮扶机构和责任人作为定点帮扶考核对象的体制机制，考核其帮扶绩效。要组织帮扶机构和责任人根据西南民族地区经济社会发展状况研究、制定定点帮扶工作规划和实施方案，同时明确达到的具体量化目标。定点帮扶单位主要领导要定期到帮扶地调研、解决实际问题，形成常态化机制。

二是定点帮扶单位要选派挂职干部驻地帮扶。在脱贫攻坚中，通过从定点帮扶单位选派干部到帮扶县域担任县级领导或驻村干部（第一书记）的方式，对推动脱贫攻坚任务完成起到了重大作用。继续选派单位里熟悉基层、熟悉"三农"、熟悉民族地区和懂经济发展的优秀人员到帮扶县域挂职担任重要县级领导职务，参与县域经济发展。继续选派第一书记到农村去从事巩固脱贫攻坚成果和发展乡村经济的重要工作。继续选派技术支持员到帮扶地开展各种技术推广工作。通过定点帮扶单位下派挂职干部，将先进的理念、技术等带到帮扶县域，为当地经济社会全面发展出谋划策。

三是要突出帮扶重点。帮扶单位对受扶对象的帮扶要帮在点上，起到切实效果。要杜绝帮扶流于形式，敷于表面，就要抓住关键进行帮扶。因此，定点帮扶单位要根据帮扶县域发展的重点任务、重点需求，关键问题、现实难题，制定帮扶策略，进行有重点的对口帮扶。要以解决帮扶地经济发展中的重大问题、紧要问题、长远问题、民生问题等为重点内容，充分发挥帮扶单位在技术、人才、资源、市场等方面的优势，结合帮扶县的发展情况，形成实际的发展动力。

6.4　建立健全巩固拓展脱贫攻坚成果长效机制

全面建成小康社会，标志着我国脱贫攻坚战取得了全面胜利，西南民族地区作为脱贫攻坚主战场，完成了消除绝对贫困的艰巨任务。由此，西南民族地区的农村扶贫工作进入巩固脱贫攻坚成果的重要阶段。这一阶段，要全面梳理精准扶贫各项工作、全面总结脱贫攻坚经验做法，深入调研农村变化的实际情况，建立健全巩固脱贫攻坚成果长效机制，为促进西南民族地区脱贫户实现生计可持续并逐步走向共同富裕打下坚实基础。

经过艰苦卓绝的脱贫攻坚战，西南民族地区农村的面貌发生了翻天覆地的变化。基础设施建设实现了历史性跨越，贫困地区产业从无到有、由弱到强不断发展，社会保障制度不断健全，新农村合作医疗保险全域覆盖，义务教育全员覆盖，人人实现住房安全有保障、医疗教育有保障、饮水卫生安全有保障，建档立卡人员收入快速增长。通过脱贫攻坚，健全了农村社会管理体系，锻炼了农村干部，提升了农村基层治理水平，密切了干群关系，党和政府更加受到人民的拥护。这些是巩固脱贫攻坚成果的重要基础和保障。

但是经过调研梳理，发现西南民族地区巩固脱贫攻坚成果还需要以问题为导向、以短板弱项为重点、以关键措施为抓手，在以下方面持续发力、久久为功，形成长效机制。比如完善促进产业持续发展的体制机制、建立健全促进农村集体经济发展的体制机制有利于加快物质资本积累，完善促进产业扶持资金使用效率提升的机制、建立完善社会养老机制有利于提升金融资本积累，建立健全农村基础设施养护机制有利于加快自然资本的改善和积累，而这些均有助于促进经济能力提升。通过建立巩固拓展脱贫攻坚成果长效机制，不断促进脱贫户生计可持续和走向富裕。

6.4.1 促进产业持续发展

产业发展是摘掉"贫困帽子"的关键，是实现贫困地区贫困人口脱贫的压舱石，也是实现稳定脱贫的基础和巩固脱贫攻坚成果的重要内容。这主要体现在产业是支撑地区经济发展的核心力量，是脱贫致富的持续动力，对于增加财税收入、创造就业机会、吸纳就业人口、促进个人收入增加具有根本性的作用。西南民族地区很多产业是在脱贫攻坚中不断产生和发展的，在部分地区这些产业还存在明显问题，在巩固脱贫攻坚成果期间需要深入解决。比如产业力量薄弱，产业发展规模小、链条短、产值低、竞争力弱；产业同质化问题较为突出，特色优势产业少；产业分散，主导产业力量薄弱；产业发展市场化程度不深，从生产到销售依赖非市场的力量的问题明显。针对西南民族地区产业发展现状，进一步促进产业发展需要着重做好如下方面工作：

6.4.1.1 分类扶持产业发展

要建立产业发展分类扶持的长效机制。要促进产业持续发展，关键要按照不同特点对西南民族地区产业进行分类，采取不同的扶持发展政策。在总体思路基础上应该有分类指导思想、差别化的扶持政策，具体表现为如下几个方面。

一是对起步晚、规模小但前景好的产业持续加强重点扶持，经过一定时期的孵化，培育其市场竞争力。这类产业因为起步晚、规模小，所以目前发展的体量不大，市场供给能力也不强，产品竞争力也不够，但是这类产业适应市场需求，具有很好的发展前景，预期能够带来较高收益。针对这类产业，要统筹政策、资金、技术、人员，进行持续重点投入，不断扩大其发展规模，增强其发展力量，在其形成一定市场竞争力后，将其打造成为本地具有一定影响力的主导产业，带动农村的就业和促进农民收入增加。

二是对同质化、特色不明显的产业要进行引导，合并国家配套政策，以实现其聚团式发展。同质化现象是脱贫攻坚中产业发展的一个值得关注的问题，也将是产业持续发展的障碍，但同质化在短时间内还不会完全呈现出来，而是会随着时间的推移而不断显现和暴露。对于这类同质化比较严重、特色不是很突出、地域又相邻的产业，要加强宏观调控、注重顶层设计。可以由主管部门牵头，邀请相关领域的专家和实践部门的行家，对这类产业进行统一规划，统一打造，改变各自为政、单打独斗、聚而不强的局面。在统一规划之下，通过配套政策，提供资金支持，鼓励产业整合，优化资源配置，实现产业同质化、粗放型发展向规模化、集约型转化。

三是对有一定规模基础的主导产业，逐渐形成一个培优机制。有一定规模基础，且又是主导产业，这是在脱贫攻坚中发展比较成功的产业。这类产业一般是充分利用了当地区位优势、资源特色，遵循了市场规律，其生产的产品市场需求度大，有一定竞争力。对于这类产业当地部门要从培优的视角让其做优做强做大，根据其发展需要，重在解决发展短板问题。要从技术、资金、管理等方面全面形成帮扶力度，帮扶工作重在帮助其与农民特别是脱贫户形成利益联结机制，以延长产业链、拓展市场、增加附加值为手段，使其不断实现助农增收的作用。

四是对市场化程度不深、完全靠"输血方式"存活的产业，要逐渐引入市场机制，实现优胜劣汰。对于在脱贫攻坚中那些纯粹依靠政府、帮扶单位等非市场力量发展起来，从生产到销售等各环节都不具有自身独立生存能力的产业，比如对从诞生起就靠的是帮扶单位或者政府强力推动、产品销售完全依赖各帮扶单位认购的产业，要逐渐引入市场机制，通过价值规律作用，让其在竞争中成长。对完全不能适应市场竞争、没有任何发展潜力的产业，应该果断停止帮扶，让其退出市场。

6.4.1.2 因地制宜推行农村产业联户发展机制

联户发展机制是指很多农户以自己拥有的各种生产要素（实物或者劳动力）入股，联合进行生产活动，或者进行产业项目建设，最后按照所占股份进行利润分红的机制。农村产业发展涉及众多要素，包括农户、承包土地和其他相关要素。当前西南民族地区农村产业需要相互合作、抱团发展，推行联户机制，可以很好解决这一问题。首先，联户机制能很好地整合分散的农户资源，形成聚集效应，解决散户单打独斗不能达到生产规模门槛的问题，同时还可以扩大生产规模、促进生产分工、节约劳动力、降低生产成本、提高生产利润。例如，农户养殖 800 只羊只需要 2 个劳动力，而单独养羊 20 只，就需要 1 个劳动力，则联合养殖 800 只羊可大大节约劳动力。其次，联户机制把外部问题内部化，有利于解决单打独斗户难以解决的问题。比如在四川涉藏地区农户分散养殖牛羊，在传统的养殖模式中，每户都将自己的牛羊放到荒坡草地去，导致草地破坏，形成"公地悲剧"问题。而联户养殖，则可以统筹规划草地放牧情况，轮流放牧；既使草地资源得到充分利用，又保护了草场生态环境，实现了可持续发展。最后，有利于带动生计脆弱群体共同发展。生计脆弱群体生计资本少，在产业发展中往往面临资金缺乏、技术不高、劳动力不足、抵御自然和市场风险能力弱等问题。联户机制以各种有用的生产要素入股，特别是土地要素，可以保障生计脆弱群体有机会加入产业发展进行联合生产，参与产业发展，共同抵御自然和市场风险，带动其收入增加。

6.4.2　发展壮大农村集体经济

发展壮大农村集体经济是巩固脱贫攻坚成果、推动乡村振兴工作的要求和重要举措。当前西南民族地区农村村集体经济发展面临几大问题：一是缺乏促进村集体经济发展的带头人。村"两委"干部和村剩余人口普遍年龄结构偏大、文化素质偏低，难以从中选拔出能够带动村集体经济发展的行家里手。二是村集体产业发展不充分。在缺乏带头人的情况下，村集体经济发展的简单思路是将集体资产便捷地变成村集体收入，形成较为单一的集体资产租赁收费、入股企业分红等单一的村集体经济形式。而最具基础作用的村集体产业发展相对薄弱，在村集体收入中贡献占比非常低。三是村集体产业小而分散。按照脱贫攻坚"一村一品"要求，各个村各自为政发展、单打独斗没有形成聚集效应，没有实现抱团发展。

村集体经济发展要坚持实事求是原则。脱贫攻坚中的村集体经济是在行政村的基础上发展起来的一种经济形式。在快速人口转移的城镇化过程中，西南民族地区原先的行政村在人口规模、结构上已经发生了很大变化，比如有的行政村常住人口非常少，甚至只有几户人，且基本是以老年、小孩、妇女为主。在这样人口状况的村组织发展集体经济，同时还要发展好，是相当困难的。还有一些村，村底子薄弱，村域自然条件差，从各个方面来看都不具备集体经济发展的条件，若硬要发展集体经济，大概率也会失败，最后造成资源浪费。因此，西南民族地区集体经济发展一定要坚持实事求是原则，不搞一刀切的政策。对于适合发展村集体经济的行政村，要鼓励支持发展；不适合村集体产业发展的村，不强求发展。

实施村集体经济发展的人才支持政策。西南民族地区人才资源缺乏，在农村更是如此。在当前农村剩余人口转移的背景下，西南民族地区农村的人才空心状况特别突出。如何加强对西南民族地区农村的人才支持，是实现集体经济发展的关键。一是构建人才外援机制。要构建上级政府、定点帮扶单位、对口帮扶单位、社会帮扶组织下派人员驻村帮扶的长效机制，通过这样一个人才的对接支援，实现人才聚集，发挥对村集体经济的支持发展作用。二是构建人才内培机制。县一级政府组建专门机构和设立预算专项资金，负责对有潜力、愿意在农村带领乡亲发展集体经济的村民进行培训，包括组织外出参观学习、实践锻炼，让这些人在培训和学习中增长知识和开阔视野，提高其发展集体经济的能力。三是制定专门政策鼓励和吸引大学生、外出务工人员返乡创业。农村缺少收入适宜的就业岗位，缺乏个人才华展示的平台。通过制定针对性的引才机制，配套相关的政策，可以吸引走出去的大学生、有一定成就的外出务工人员返乡创业，带领乡亲致富。

形成正确的村集体经济发展指导思想。当前西南民族地区村集体经济发展思路模糊，重点不突出，方向不明确，往往是根据本村自身状况采取简单易操作的方法来发展集体经济，没有注重长远的根本性发展。比如没有正确认识到村集体产业、村集体资产、村集体收入在村集体经济中的关系，简单地以村资产如何变现作为村集体经济发展的方向，造成集体产业发展空虚，集体经济后劲不足。要形成正确的指导思想，需要坚持村集体经济发展以村集体产业为根本，重在盘活村集体资产，使之转化为村集体产业发展的重要保障，最终实现以村集体产业为基础增加村集体收入。

打破村集体经济发展的地域限制。在农村现状的基础上，要重在形成村民与其他关联主体的利益联结机制，建成利益共同体，不能固守行政村的村域界限。对于人口转移导致行政村人口规模减小的相邻村镇，应该大力鼓励合村并镇，在更大范围内为村集体经济发展整合资源、创造空间；鼓励有条件的集体产业在几个村联合或者在镇一级层面上发展，把不同村的村民以及相关利益主体纳入一个利益组织；创新农业生产合作社、销售合作社等专业合作社，探寻更多农村集体经济的实现形式；有条件的地方，鼓励村集体经济走出去，在外地发展"飞地经济"，在空间上形成村集体经济与村的分离。

6.4.3 提高产业扶持资金使用效率

产业扶持资金对于解决因缺资金而贫困的问题具有积极作用。但西南民族地区的产业扶持资金在使用过程中还存在效率没有完全发挥的问题，主要表现在贫困村、扶贫资金、扶贫产业不匹配。如有些贫困村不是主导产业发展地，不需要产业扶持资金，但产业扶持资金要求定点用于贫困村发展产业；而有些非贫困村具备产业发展的条件但是缺乏资金，因为不是贫困村，无法获得产业扶持资金。这造成了非贫困村主导产业缺资金发展不好、贫困村不具备产业发展条件即使有资金也没发展好的局面。同时产业扶持资金分散，没有产生聚集作用，如在贫困村这类资金大多数用于贫困户庭院经济发展，看似有产业，但产业不具备发展壮大条件。巩固脱贫攻坚成果，要对产业扶持资金使用进行科学设计，不断提高扶持资金使用效率。

一是改变产业扶持资金定向投放贫困村的做法。坚持"资金跟着项目走"的原则，项目是基础，资金是保障。打破项目局限于贫困村的思维，才能提出有效的资金使用方案，做到资金与项目的精准对接，确保资金精准使用。鉴于贫困村发展已具备一定基础，有的地方甚至出现贫困村和非贫困村倒挂现象，即贫困村的发展赶上和超过非贫困村。因此，为巩固脱贫攻坚成果时期，扶贫资金的使用不应局限于贫困村，而应该作用于整个经济发展落后的西南民族地区的农村，重点是巩固和扶持与农民特别是低收入群体农民利益紧密相连的又具备发展潜力的产业，也就是使产业扶持资金由"盯"贫困村到"盯"农村中助农增收的产业和项目，以提高产业扶持资金供给与产业项目需求之间的匹配度，最后形成产业扶持资金集中跟着扶贫产业项目走，产业扶持资金实现与项目的紧密结合。

二是产业扶持资金逐渐由分散走向集中。脱贫攻坚时期，产业扶持资金较多分散于各贫困村，又较多地分散于贫困户，对于解决贫困家庭缺资金导致的贫困具有重大作用。但产业扶持资金没有形成聚集效应以集中发展特色产业和主导产业。为巩固脱贫攻坚成果，面对贫困户已经全部脱贫，缺少资金发展的贫困问题基本解决的情况，针对巩固脱贫攻坚成果时期农村产业发展现状，要使产业扶持资金投放逐渐由"撒胡椒面"似的使用向"插花"似的使用转变，使产业扶持资金在农村形成聚集效应，集中扶持产业发展潜力好、助农增收作用强、发展资金紧缺的产业。

三是加强对产业扶持资金的使用监管。按照"严格规范、注重绩效"的原则，在资金使用过程中，紧紧围绕项目绩效目标，严格实行项目问效制，创新资金管理机制，提高项目管理水平，通过资金支付、报账、监督检查及年度绩效评价等手段，规范资金日常使用，充分发挥财政资金"四两拨千斤"的作用。在执行过程中，要明确对产业扶持资金的监管主体责任。县乡两级政府对产业扶持资金的使用管理承担主体责任，县级政府要研究制定出台产业扶持资金投放管理政策，组织引导龙头企业、合作社与村级组织、脱贫户建立利益联结机制。乡镇政府要加强资金使用落实等情况的日常监督管理，坚决杜绝扶持资金"一发了事"，用于非生产类项目，要确保全部用于产业发展。要强化对资金使用的民主监督。要坚持公开、公正和透明的原则，建立健全台账资料，确保资金规范使用，对资金使用过程中发现的挤占挪用、损失浪费、骗取套取、私分冒领、侵占贪污等违法行为要坚决查处。

6.4.4　加强农村基础设施管理维护

农村基础设施建设是脱贫攻坚工作的重要内容，也是改善农村贫困面貌、促进农村快速发展的基础。在精准扶贫过程中，国家投入大量资金，统一规划和总体部署，农村道路交通基础设施、教育文化体育基础设施、医疗卫生基础设施、数字通信基础设施等从无到有、从有到优地建立和完善起来，是农村进一步发展的坚实基础。通村、通社甚至通户道路基本硬化，村图书室、健身器材标准化的构建，村卫生医疗所根据实际情况相应建立，农村电网改造、通信设施建设等全面推进。但目前这些基础设施建成后，没有统一的管理维护标准，缺乏管理维护资金保障，靠村自我管理维护，村集体收入难以支撑，村民出资更存在困难，如不及时制定形成统一的管理维护机制，这些建成的基础设施毁坏后再去重建的经济成本更大，会影响到今后农村居民生计发展和乡村振兴的长远目标。

为此，建立农村基础设施管理维护机制迫在眉睫，在当前应该重点做好如下几点工作。一是着手研究建立由国家统筹的农村各类基础设施管理维护标准，解决怎么管理维护的问题。基础设施管理维护要有统一的管理维护标准，要根据不同类型基础设施的特点，组织相关部门制定各类型基础设施应该遵循的管理维护标准，让大家知道农村基础设施应该怎么去管理维护。二是建立年度财政资金预算的管理维护机制，解决管理维护缺钱的问题。目前西南民族地区农村村集体财力薄弱，无法提供基础设施的管理维护资金，很多农民刚脱贫摘帽，也难以自筹管理维护资金，而农村基础设施又是公共设施，对于城乡均衡发展、乡村振兴具有重要意义，因此必须建立由国家财政预算的管理维护资金提供制度，才能从根本上保障基础设施管理维护资金。三是建立由国家专门部门负责的管理维护机构，解决谁来管理维护的问题。乡村当前人口外流量大，村"两委"难以承担基础设施管理维护主体责任，重要交通基础设施的管理维护问题突出。建议由基础设施相应主管部门成立农村基础设施管理维护机构，比如道路基础设施养护由现在的公路局承担，教育体育基础设施养护由教育体育局承担，医疗卫生基础设施由养护卫生部门承担等，形成有专门机构负责，村民积极参与的日常管理维护工作机制。通过构建这些机制，最终实现农村基础设施管理维护财权和事权分离，建立主体责任清晰、权责明确的管理维护机制。

6.4.5 完善社会养老模式

当前西南民族地区农村人口老龄化程度高于城市，农村养老问题十分突出，防止老年贫困发生是抑制返贫、巩固脱贫攻坚成果的重要内容。西南民族地区农村很多人没有买农村养老保险，仍然沿袭传统的家庭养老模式；即使买了农村养老保险，但农村养老保险保障程度低，每月领取的养老金只能维系基本生活；同时，农村老人留守现象普遍，农村老人缺少亲人陪伴、生活质量不高等问题都是造成老年贫困的重要因素。农村老人是一个很大的社会群体，做好农村养老工作，要从建立和完善农村社会养老机制入手，创新各种养老模式，实现农村老人真正老有所养。

（1）完善养老模式面临的现状

目前西南民族地区农村养老机制还很不健全，农村养老呈现出既有新特征又有旧问题的复杂局面。这具体体现在如下方面：

家庭养老意识淡化。在长期的社会发展中，社会养老的主要方式是家庭养老，这不仅受社会物质基础影响，也和民族地区民众稳固的家庭养老观念有关。受道德伦理观念影响，在家中奉养老人在大多数人心中是天经地义的事情，因此在家中儿子成家时，往往都要专门为父母留出老田，并对父母赡养进行责任划分。现今年轻一代敬老爱老意识与过去有差异，民族家庭原有的家庭结构有所改变，青壮年外出打工，老人往往只能留守在家，家庭养老的基础由于代际的分离而逐渐削弱。

地方财政支持力量薄弱。西南民族地区现行的养老保险制度是中央财政全额补助，地方财政按比例补助。这就意味着地方财政的情况直接关系着民族地区养老金的总金额。西南少数民族农村地区经济水平整体不高，生存条件相对较差，民众生活困难，养老负担重。而当地政府财政收入少，财政力量能够投入养老金的数额有限，这就使得虽然民族农村地区的养老资金需求更大，但是地方财政的养老补贴能力远远不足。

家庭收入基础不牢。物质供给是养老的基本组成部分，对于民族地区的农民来说，其养老的经济收入一方面来自土地收入，另一方面来自儿女提供的财物。另外，当前由于低保、长寿补助、养老保险等社会保障机制的建立，部分农民还可以获得低保补助等收入。虽然整体上看，农村老人的收入来源并不单一，但是从具体情况来看，农民养老收入并不稳定。首先是土地收益，由于各种自然灾害难以预测，加上农作物价格波动，土地收益有限且极不稳定。二是从儿女财物供养来说，由于民族地区农村家庭大多数经济状况不是很好，儿女对父母的物质资料保障有限。三是从低保等社会保障来说，一方面保障往往局限在有限的范围内，并不能使所有的农民都获得收益；另一方面养老保险等转移性收入还不能完全满足基本生活需要。

民众居住分散，养老资源没有聚集效应。养老机制推行需要配套养老院等各种养老设施，养老资源越充足，民众能够得到的养老保障就越充分；反之，如果养老资源不能集中，分流到各个地区，地方上的养老资源就相对有限。由于环境、区位等因素，西南民族地区农村人口大多分散居住，相应地当地民众所能够获得的养老资源就不足。

（2）完善社会养老模式的基本内容

养老制度建设至关重要，立足实际，进行适应性建设，才能真正形成老有所养的制度保障。西南民族农村地区相对其他地区养老压力负担较大，地方贴补能力不足，当地民众对于养老也有自己的认知，结合养老保障的本质目的，以及西南民族农村地区的实际情况，当地养老制度建设应该从以下方面来着手。

①提高农村养老保障水平

相对于其他地区，西南民族地区农民在养老方面有更大的经济负担，需要更多的经济补助。现有的养老金制度规定，国家负责民族地区的基础养老金供给，在此基础上，由地方政府补贴，个人按照不同等级缴费，到一定年龄后领取养老金。中央财政在养老保障中处于主体地位，民族地区财政力量不足导致对当地农民的养老投入有限，因此要增加西南民族地区农村的养老投入，一个重要问题便是在制度设计上调整中央和地方的财政投入比例，改进资金来源结构，增加中央财政投入，减少地方财政投入，增加养老资金投入，提高养老整体水平。同时，应该积极探索养老金来源多样化，鼓励有条件的地方先行建立养老账户个人缴纳一部分、国家财政补助一部分的财政分担制度。如村集体经济发展较好的地方，可以从村集体收入中出资缴纳一部分，形成多主体参与，不断提高农村养老保障资金水平，同时降低农民个人负担。因此，加强西南民族地区农村养老制度的适应性建设，重在增加当地的养老金来源渠道和提高其投入水平。

同时，逐渐探索从单一农村养老保险制度向多层次水平的农村养老保险制度转变，最后建立城乡一体化的养老保险制度的发展路径。当前西南民族地区农村养老保险制度单一，保障水平低，层次多样化不足，农民缺乏选择，农村养老保险保障水平还是不高。应该建立有高、中、低等不同层次保障水平又适合农村特点的养老保险制度，为更好保障养老生活创造更多选择；并在此基础上逐渐探索建立城乡一体化的养老保险制度，把农村养老保险与城市养老保险并轨，让乡村老人拥有与城市老人基本相同的生活水平。

②推动社会力量进入养老产业

对于西南民族地区农村来说，除了面临养老保障资金缺乏的问题，还面临养老形式单一、养老模式供给不足等问题，这主要缘于社会力量进入不足。要推动社会力量进入，就需要在制度方面进行合理调整，通过各种激励方式，鼓励企业、公益组织等社会力量进入西南民族地区农村养老产业。要认识到养老机制的形成包括多个方面，提供养老院等养老资源、发展养老产业、开发养老房地产等都与养老有关。虽然社会力量直接进入西南民族地区农村养老有较大风险，但是对于企业来说，其并不一定需要通过直接的养老收入来盈利，还可以通过其带来的正外部效应获益，比如增加企业美誉度、传播企业文化、获得政府其他方面的政策支持等，形成对企业发展的资源支撑。因此可以通过灵活的制度规定，推动社会力量进入养老产业。

③积极发展多种形式的农村养老模式

家庭养老是中国几千年来农村养老的主要形式，其存在和发展具有一定适应性。西南民族地区农村养老仍然要基于这样一个大的现实背景，不断完善支持家庭养老的政策体系。由于西南民族地区农民对家庭养老的看重，加上家庭养老有助于老人保持精神愉快，而且老人还能够承担少量的家务，推动家庭养老可以说是既顺民意，又符合民族地区农村实际。但是不可否认的是，老人在家中养老，不可避免造成了家庭经济负担，倘若有疾病发生，更是对家庭影响较大。因此在推动家庭养老的同时，还需要在制度方面完善老人的养老保障，实行老人家庭养老的政府转移性支出支持的配套制度，减轻家庭养老压力。

积极探索农村社区养老模式。在农村人口快速转移和流动频繁的情况下，许多家庭已失去了家庭养老的基本条件，比如全部家庭人口常年在外打工且跨区流动性大，家庭无法对老人进行有效照顾。这种情况下，建立农村社区的集中养老模式十分必要，在当地推行社区养老，通过民众互助然后政府提供适当补贴来养老。探索社区集中养老和家庭分散养老相结合的模式，解决留守老人情感孤独、生活孤寂问题。

还要积极开发承包地、宅基地的养老功能。集体承包地作为农民的重要财产，具有重要收益功能，一直发挥着重要的保障功能。可以根据新时代西南民族地区农村的人地状况，发掘农村宅基地和承包地的保障功能，探索建立在宅基地、承包地流转、抵押等权利收益基础上的养老功能，形成以地养老、以宅基地养老的多样化养老模式。

6.4.6　促进村干部队伍发展

村"两委"是村一级经济社会发展的直接领导力量，是巩固脱贫攻坚成果的重要队伍。但当前西南民族地区农村村"两委"干部年龄偏大、知识水平偏低，发展能力偏弱，干部"青黄不接"，后备人选不足，农村党员匮乏等问题逐渐呈现出来。此外，村干部兼业现象明显，工作成为"副业"，没有将全部精力放在村事业发展上。农村劳动力大量转移，农村"人荒"现象突出，村干部来源不足，同时村干部与在籍村民沟通互动也少，开展工作困难。这是当前西南民族地区村干部队伍发展面临的现实问题。解决这些问题，需要从完善村干部队伍发展机制入手。

一是要提高村干部待遇。可以尝试探索将村干部纳入公务员队伍编制或者单独编制，建立由国家财政负担的完善的村干部待遇福利制度，让村干部工作比较有吸引力，以充分吸引愿意返乡干事的人加入村干部队伍干事创业。二是要拓宽村"两委"干部人选来源。当前村干部来源于本行政村，当前西南民族地区农村人员外流量较大，原有行政村的常驻人员大大减少，干部来源显著不足，无法实现干部"优中选优"，应该打破村域限制，把村干部人选范围拓展，将不是本村籍但精明强干、愿意到农村干事且村民又愿意接受的社会有识之士选拔到村"两委"中去，带领村民致富。三是完善大学生"村官"制度。当前一方面大学生就业难，一方面农村人才匮乏，形成人才资源没有得到充分利用的局面。应该完善大学生"村官"制度，从大学生中选拔出愿意到乡村服务的优秀人才，充实到村干部队伍中，形成长期固定的关系，以发挥大学生专业特长，发展乡村事业。

6.5　健全西南民族地区低收入人口常态化帮扶机制

整体脱贫后，巩固脱贫攻坚成果需要关注重点人群的经济生活状况。要将虽然已脱贫但仍然属于低收入群体，或者以前收入状况较好、但现阶段经济脆弱的这部分人群作为新时期工作重点关注对象。要不断探索，建立一个专门针对低收入人群的常态化帮扶机制，这个机制就像一个流水池，一方面可以对低收入人群进行常态化帮扶，让一些人实现收入增加，走出低收入群体，另一方面对于新产生的符合条件的低收入人群，可自动将其纳入帮扶机制内，从而实现了"有进有出"的常态化帮扶。

在这个常态化帮扶机制下，低收入人口识别机制和返贫致贫预警机制可以动态地将低收入人口纳入帮扶范围，针对其生计资本的具体状况，提供相应的响应政策；促进低收入人群就业机制可以从增加就业机会的角度帮助其实现收入增加；低收入人群互助机制可以从建立人际交往关系、形成互帮互助氛围着手，帮助其累积社会资本，增强生计能力。对这个机制应该着重从如下几个方面去思考。

6.5.1　构建低收入人口识别体系

脱贫攻坚后，消除了绝对贫困，没有了贫困户，并不意味着就没有了低收入群体。什么样的标准属于低收入？这是关系到我们的政策重点关注谁的问题。应该由国家专门机构针对西南民族地区实际情况，制定符合西南民族地区特色的低收入人口标准。这个标准原则上应该以收入为主要衡量标准。参照国际做法，英国等欧洲国家开始改革贫困的识别方法，以中位数收入的一定比例作为相对贫困线；2001 年欧盟通过了相对贫困线的官方定义，即人均可支配收入中位数的 60%；与此相似，部分 OECD（亚太经合组织）国家采用社会中位数收入的 50% 作为相对贫困线。这些国家选择中位数收入作为基准，主要是为了避免过高收入造成的均值"被增长"效应。目前美国虽然仍采用绝对贫困的概念，但其以家庭平均食品消费支出乘以 3 得出满足基本生活所对应的收入水平，然后通过物价指数来调整确定贫困线。从设定结果来看，美国现行官方贫困线大致相当于中位数收入的 40%。所以西南民族地区低收入的标准也可以以当地人均可支配收入的中位数的 50% 作为标准线，同时在设定这个标准线时，还应将个人物质资本、人力资本等生计资本状况考虑在内，还需要考虑家庭人口规模、结构以及住房和医疗等刚性支出，设定不同档次的贫困线，不能一刀切地简单设定一个适合所有家庭的单一标准。

在合理设定低收入人口识别标准后，应该构建一个以标注为基准的低收入人口自动纳入机制，就如同精准扶贫时期确定精准扶贫户一样，通过一个数据库将符合低收入人口标准的群体识别进来。进入机制可以是个人申请、群众讨论、村委会总体考察、上级部门决策，然后张榜公示是否纳入数据库。对于进入数据的人员，国家并不一定要采取帮扶措施，或者采取整齐划一的统一帮扶政策，应该对这些人员进行跟踪监测，根据不同的情况采取相应的政策。有的成员可持续生计能力潜力较大，可以先观测；有的成员境况较差，则需要及时进行帮扶。

6.5.2 加强低收入人口返贫致贫预警监测

在明确低收入人群之后，就要对这部分人群进行常态化监测，形成预警机制，防止其返贫和致贫。要制定返贫致贫的响应标准，一旦低收入人群触碰到这条标准线，就应该发出预警，调动各方力量进行重点关注和帮扶。这个标准应该是在绝对贫困标准之上设立一个范围区间，比如按照 x 是绝对贫困的收入线，那么在这个基础上设定一个 10% 的上浮区间，即 x 至 x'（1+10%）的这个区间就是返贫致贫标准。一旦有低收入人群或者其他人群落入这个区间范围，就应该发出预警，提醒相关主体密切关注和认真分析，并采取相应措施。

在大数据时代，要充分利用数据平台作用，构建以当地政府、低收入人群、大数据平台为主体的返贫和致贫预警机制。政府在这个机制中是预警信号的发出者，也是整个预警系统的操作者。低收入人群是通过低收入标准识别出来的，这个群体呈现出动态调整的特征。对在重点关注过程中实现收入提高达到退出标准的，按照程序使其退出低收入范围；对符合低收入标准的新产生动态人口，及时将其纳入监测范围，进行相应的帮扶。大数据平台是整个预警机制的监测手段。我国已经构建起了拥有很多贫困人员数据的大数据平台，具备相应的技术条件，这个大数据平台把他们的收入、家庭、工作等状况进行跟踪统计和呈现，然后又通过设定相应的程序自动识别哪些人可能致贫、返贫，从而发出预警，需要进行强有力干预，哪些人还处于低收入状态，需要继续监测，以及进行常态化的帮扶，哪些人已经达到了退出低收入人群的标准，从而按照程序使其合理退出。

6.5.3 促进低收入人口创业就业

西南民族地区低收入人群收入低的主要原因在于文化素质低，劳动技能弱，思想观念落后，参与劳动市场积极性不高，形成了其就业市场竞争力弱、就业不稳定、就业质量不高、就业收入低的状况。针对西南民族地区特点，首先要促进低收入人群思想观念的解放，让他们具有内生主动性，愿意就业。这需要通过广泛的宣传教育、先进的思想引领，营造一个"幸福要靠奋斗"的良好氛围；要弘扬劳动光荣、懒惰可耻的理念，让人民群众依靠自身的诚实劳动、合法经营增收致富。

在此基础上，从两个方面着力培育就业能力。一方面就是以市场需求为导向，提高参与市场就业的能力，实现市场就业。提升参与市场就业的能力，需要明确责任机制。政府应该承担主体责任，对低收入人群进行精准化培训，通过与各个用人单位签订用人合同，构建当地劳动力供给与外面劳动力市场需求之间的对接关系，精准把握市场用人要求、精准提升劳动力劳动技能，促进供给和需求精准匹配，为低收入人群市场就业提供精准帮扶。另一方面是以促进创业带动就业，拓展就业和收入来源渠道。政府要结合农村实际情况、低收入者个人实际情况，积极引导低收入者创业意愿，为他们自主创业提供政策支持、资金支持、技术支持、智力支持，为他们创业干事开展各种培训和提供实践学习机会。

6.5.4 推动低收入人口互助合作

西南民族地区脱贫户在脱贫过程中主要是依靠国家政策和各种帮扶力量脱贫的，脱贫户之间很少形成有机整体以实现互助和抱团取暖。当前对低收入人群的常态化帮扶，要着重建立一个以低收入人群为主体的互助机制。这个互助机制需要当地政府推动，由当地有威望、有能力的人牵头，低收入群众作为参与主体积极参与。应该秉持开放包容原则，根据实际发展需要，使互助丰富多样。

可以生产互助，相互帮助劳动、支援生产工具、沟通生产信息、共享就业信息，形成一个生产就业共同体。可以资金互助，共同出资形成一个资金合作社，资金合作社可以为低收入人群发展生产、自主创业、外出就业、劳动能力提升、子女上学、应对自然灾害、防范突发性风险等提供低息贷款支持，让低收入群体薄弱、分散的资金通过资金合作社汇聚成有规模的资金池，为合作社内低收入者提供资金需要。可以土地互助，成立土地合作社，低收入群体把自己的承包地按照一定的规则拿出来，形成一个大的土地供应池，为愿意进行土地规模化经营、规模化种养的低收入者提供足够的土地，提供土地者可以以土地入承包权获得相应的补偿，也可以作为劳动者加入土地规模化的生产。这个互助机制能把低收入者的利益联结一体，避免以前单打独斗、力量分散、资源分散的弊端，形成共同奋斗、相互帮助、一起致富的氛围。

6.5.5 完善低收入人口兜底政策

低收入人群是重点关照对象。对这一对象，要深刻分析他们落入低收入区间的原因和后面恢复发展的前景。有的低收入者，可能是遭遇突然变故导致残疾、重病等丧失劳动能力，今后无法通过正常的劳动来确保正常的生活。这一部分人应该及时纳入低保兜底范围，由政策支持确保其基本生活。对于因暂时遭遇变故而失去收入能力，需要一定时期的休养生息才能恢复生计能力的，也需要由政策兜底，确保这部分人渡过暂时难关。因此，要建立一个自动覆盖的低保兜底机制，确保那些需要兜底的群众在及时的政策保障下，保持基本的生活水平不变，快速从困境中走出来。

这个低保兜底机制由兜底标准、兜底对象、数据平台、政府构成。兜底标准，就是根据低收入人群的收入情况、当地经济发展水平、物价水平等因素，确定的一个具体的兜底线。兜底线应该大致与脱贫攻坚时期的贫困线水平一致。对收入在兜底线以下的人群，需要进行政策兜底。兜底对象就是根据兜底标准自动识别出来的低收入人群，显然这部分人群在低收入群体中收入位次是居于底层，如果不对其进行政策兜底，可能其基本正常的生活会受到影响。这类人一般包括残疾人、智障、孤寡老人等无劳动能力的群体，同时也包括受到突然冲击处于暂时性贫困的群体。数据平台是用于统计低收入人群收入、健康、家庭、就业、生计资本等信息状况的平台，同时也是识别低收入群体是否纳入低保范畴的平台。只要平台统计到的个人的信息符合低保标准，则平台就会将其自动纳入低保政策照顾范围。政府是制定兜底标准、构建数据平台、制定帮扶政策、落实兜底帮扶任务的主体，在这个兜底机制中居于核心位置。

6.6 构建西南民族地区脱贫攻坚与乡村振兴的有效衔接机制

精准扶贫是在我国农村贫困特征出现新变化、农村扶贫出现边际效应递减的背景下，为扭转农村减贫速度趋缓的局面，加快消除农村绝对贫困而提出的创新扶贫模式。乡村振兴战略是在我国社会主要矛盾发生转化，人民日益增长的美好生活需要与发展不平衡不充分成为社会主要矛盾的背景下，为解决城乡不协调、促进农村充分发展而提出的重大战略。精准扶贫与乡村振兴都是围绕我国"三农"问题实施的重大战略工程，在内涵与路径上有许多契合点。在已经全面建成小康社会、进入巩固拓展脱贫攻坚成果的时期，乡村振兴处于战略起步发展阶段，两大战略处于历史性的交汇期，实现好精准扶贫与乡村振兴的战略衔接，关系到农村工作重点的稳步转移，关系到"两个一百年"奋斗目标的有序推进，是当前党在农村的重要工作。西南民族地区为了加快和有效推进两大工程的战略衔接，应该重点在以下几个方面对精准扶贫与乡村振兴进行战略衔接研究。

6.6.1　理论衔接

精准扶贫以贫困理论为基础，按照一定的贫困标准和贫困瞄准方法精准识别出贫困户，予以建档立卡，然后通过"五个一批"的基本措施，在产业发展、生产生活环境改善、生态环境保护、人力资本培育、社会保障构建等方面对建档立卡贫困户进行精准帮扶，达到精准脱贫目的。精准扶贫背后的逻辑是贫困户由于自身物质资本、社会资本、人力资本、文化资本等促进生计可持续发展的资本方面的欠缺，在经济社会发展到一定程度后，通过自然竞争的方式难以获得平等发展机会和享受公平发展成果，从而陷入贫困积累的陷阱。必须通过改变其外部环境和提升内在动力，实现对贫困户的"靶向"作用，才能打破这种均衡，使贫困户跳出贫困陷阱，走向可持续生计发展之路。所以精准扶贫贵在精准、重在精准、成败在于精准。乡村振兴提出的理论基础十分广泛，涉及"三农"发展、城乡协调等诸多领域内容，其背后的逻辑是：乡村通过被动的自然发展难以有效改变城乡失衡、乡村相对衰败的现状，必须通过对乡村生产关系、上层建筑全面的主动调整，才能进一步促进农村生产力的发展和乡村经济、政治、文化、社会、生态文明的全面振兴。乡村振兴战略涉及的范围更为广泛，当前要有序将以消除绝对贫困为目的精准扶贫理论与以实现乡村全面振兴为目的的乡村振兴理论相衔接，构建和不断完善乡村振兴的理论框架和实践路径。

6.6.2　目标衔接

精准扶贫锁定农村绝对贫困人口，通过"六个精准""五个一批"，实现贫困户"一超""两不愁""三保障"，以达到我国现行贫困标准下农村贫困人口脱贫，贫困县全部摘帽，解决区域性整体贫困，做到脱真贫、真脱贫。精准扶贫瞄准的是2020年全面建成小康社会和我国"第一个百年"奋斗目标，重在补齐民生发展的短板，确保全面建成小康路上不让"一个人"掉队，保障所有人共享经济社会改革发展成果。乡村振兴涉及乡村发展方方面面，坚持农业农村优先发展，达到产业兴旺、生态宜居、乡风文明、治理有效、生活富裕的总要求。乡村振兴瞄准的是2050年全面建成社会主义现代化强国和我国第二个百年奋斗目标，重在补齐"三农"发展短板，保证"五位一体"的全面现代化。精准扶贫战略目标的成功实现既是全面建成小康社会的关键一步，也是开启全面建设社会主义现代化国家新征程的重要基础，成为乡村振兴战略顺利开启与成功推进的基石。乡村振兴战略目标更为深远更为广泛，既是对精准扶贫成果的提升巩固，又是"三农"发展目标的新标识。实现两大战略目标的有效衔接，有利于实现农村工作重点有序推进。

6.6.3 组织衔接

我国为保障精准扶贫的有效推进，构建了一个完整的组织体系来实施这一方略，如成立了从中央到地方的扶贫开发领导机构；形成了中央统筹、省负总责、市县抓落实的管理体制，以及省（市、自治区），地（市），县（区），乡（镇），村五级书记一起抓的联动机制；建立了中央财政转移支付、财税优惠、贴息贷款三种渠道的财政投入体系；形成了专项扶贫、行业扶贫和社会扶贫"三位一体"的大扶贫格局的力量动员体系；建立了特殊贫困救助制度、最低生活保障制度、五保制度、新型农村合作医疗保险制度、教育补助、就业技能培训政策等构成的社会保障体系。这样一个高效严密的组织保障体系，是保证精准扶贫取得胜利的重要保障。目前乡村振兴战略处于起步和探索阶段，建立一个有效的组织体系来实施乡村振兴战略是关键，通过研究精准扶贫的组织体系，总结和反思其在精准扶贫中发挥作用的成功经验和不足之处，使这一套组织体系优化、改进与转化，与乡村振兴战略组织体系合理融合衔接，极大地助力乡村振兴。

6.6.4 考核衔接

精准扶贫能够实现扶真贫、真脱贫，不仅在于有正确的理论指导、科学的目标规划、高效的组织保障，还在于有一套从贫困识别到贫困退出的严格的全过程考核机制。在贫困识别环节，运用科学适用的贫困瞄准方法：对错评和漏评现象进行严厉问责，同时建立贫困动态调整机制给予自动纠错；对建档立卡贫困户的退出、贫困县的摘帽，引入第三方考核评估机制，严格对标，防止搞数字脱贫；对扶贫资金实行民主监督和严格审计，做到专款专用。在乡村振兴过程中要杜绝形式主义、形象工程，要防止盲目跟风、攀比之风，要避免短期化行为、虚假性繁荣，要保障资源物尽所用、人尽其力，也必须要建立起符合推进乡村振兴特点的严格考核机制，构建起指标化考核体系，才能达到预期目标。在这一过程中，要很好地吸收精准扶贫考核的成功经验，实现从精准扶贫考核到乡村振兴考核机制体系的转化衔接。

6.7　本章小结

本章西南民族地区脱贫户可持续生计实现机制是研究的重点之一，在前一章定量评估分析了可持续生计能力状况之后，有针对性地构建脱贫户生计能力持续提升的整套机制。这一章首先介绍了可持续生计实现机制的基本框架，在这一框架中将实现机制的基本内容和基本逻辑阐释清楚。在这一框架指导下，去研究如何构建这一生计实现机制。需要说明的是，本书在研究构建可持续生计实现机制过程中强调的是构建一个机制体系，这是一个整体性概念，而不是从不同维度来构建一个各自独立发挥作用的脱贫户可持续生计实现机制。这一机制体系以强化党的领导核心作用为根本，这也是生计可持续的根本，是整个机制能够发挥作用的根本政治前提；这一机制仍然坚持发展是解决当代中国一切问题的关键的重要理念，把完善促进西南民族地区整体发展的政策机制作为这一机制体系的基础，这也是生计可持续的基础；将建立健全巩固拓展脱贫攻坚成果长效机制作为这一机制体系的关键，这也是生计可持续的关键；将健全西南民族地区低收入人口常态化帮扶机制作为这一机制体系的重点，这也是生计能够可持续的重点工作；将构建西南民族地区脱贫攻坚与乡村振兴的有效衔接机制作为这一机制的核心，这是从长远谋划考虑，也是生计能够可持续的核心。

整个机制体系以党的领导作用为根本，具有统揽全局的作用。在这个根本下，从一般层面出发完善促进西南民族地区整体发展的政策机制，从特殊领域出发构建三个机制，即巩固拓展脱贫攻坚成果长效机制、低收入人口常态化帮扶机制、脱贫攻坚与乡村振兴的有效衔接机制。通过这一机制体系，不断增加脱贫户生计资本的积累，实现其生计能力的提升，最后走向富裕。

7 西南民族地区脱贫户可持续生计实现机制的制度保障

要确保西南民族地区脱贫户生计可持续实现机制能够发挥效能，还需要相应的配套制度。这个配套制度主要应该是从社会保障和公共服务的角度，为机制的建立完善和有效运转创造良好环境的制度体系。

7.1 构建地区特色自然灾害保险制度

自然灾害作为一种风险，会给社会和人民造成极大的损失。西南民族地区大多数贫困人口处于山区、牧区和林区，自然环境十分复杂，地质活动十分频繁，地形陡峭，岩层破碎，是地震、干旱、洪涝、水土流失等灾害多发区。如2008年的5·12四川汶川大地震，造成443 870人伤亡，直接经济损失达8 451亿元[58]。同时这些地区本身抵御自然灾害的能力也十分薄弱，因灾致贫、因灾返贫问题十分突出，加大了"脱贫摘帽"的贫困户再次返贫的危机。因此，根据西南民族地区的自然灾害特点建立相应的自然灾害保险制度意义重大，有利于在一定程度上减轻脱贫户的负担，防止再次返贫，实现可持续生计。

7.1.1 构建地区特色自然灾害保险制度的现实环境

西南民族地区自然灾害状况是西南民族地区自然灾害保险制度构建的现实环境。西南民族地区的自然灾害有如下几方面的特征。首先，西南民族地区灾害类型多，有地震、滑坡、泥石流、暴雨洪涝等灾害，也有水土流失、森林火灾、冰雹大风、寒潮等灾害。其次，灾害的并发性、诱发性很大，如地震、泥石流、滑坡这些地质地貌灾害分布大致相同，往往同时发生或交替发生。最后，地区差异大。自然灾害的大小、致灾因素的强弱与人民生命财产损失的大小紧密相关。西南地区自然环境复杂，各地致灾因子的种类和强弱均有不同，即便是类型、强度大致相同的自然灾害，在各地造成的损失也不同。

虽然西南民族地区贫困户已经脱贫，但"脱贫摘帽"后在该地区仍然属于低收入群体，低收入群体在面临自然灾害冲击时，仍然具有致贫返贫的风险。西南民族地区自然灾害对低收入群体的影响有以下几方面。首先，低收入群体大多为农村人口，农业是其维持生计的主要来源。由于农业本身自然再生产的生产特性，自然条件对其影响甚大。而自然灾害的频发就破坏了其原有的环境，导致农业大量减产，严重的甚至是造成农业绝收。自然灾害加剧了农业的不确定性，也加强了低收入群体的脆弱性，让一些刚刚摆脱绝对贫困和处于贫困边缘的群体又陷入贫困的境地。其次，自然灾害会直接导致低收入群体的经济损失以及人员伤亡，使他们再度陷入贫困。自然灾害不仅让才逃离绝对贫困的农户在短时间内失去多年的积累，同时还会造成大量的人员伤亡，让本就脆弱的家庭的劳动力致死致残，无法继续进行劳动，家庭的收入大大缩减，甚至还要背负巨大的医疗负债，导致再次返贫。再次，低收入群体本身抵御自然灾害的能力较弱，防范意识也不足，对自然灾害的前期防御工作不足，等到自然灾害发生时再应对已经措手不及。最后，目前政府的救灾救济也非常有限，少量的救济款物很难满足当地的救灾救急需求。

7.1.2　构建地区特色自然灾害保险制度的基本内容

鉴于自然灾害保险制度的重要意义，以及我国西南民族地区自然灾害保险制度的缺失现状，加快构建西南民族地区特色自然灾害保险制度对于抑制返贫和解决相对贫困、实现乡村振兴意义重大。这一制度构建应该按照如下方式进行。

（1）国家发挥主导作用

首先，国家要建立和完善自然灾害保险的相关法律法规，将自然灾害保险纳入法制化轨道。自然灾害保险的发展需要一部健全的法规来为其保驾护航，这样才能让投保人以及保险公司有法可依、有章可循。而法规的缺失也正是我国自然灾害保险落后的原因之一，相关保险机构在具体运营时带有很大的随意性。相关部门应加快建立相应的法律法规，用法律的形式来约束相关主体，使自然灾害保险制度能够依法依规不断在西南民族地区建立和完善。

其次，以自然灾害援助为中心，建立政策性自然灾害保险制度。国家应借鉴发达国家的经验，通过建立自然灾害救助机制，将对民族地区的自然灾害保险补贴纳入中央财政预算体系，对政策性自然灾害保险业务提供保费补贴。另外，对于那些经营自然保险政策性业务的机构，应该给予部分费用补贴，并且对它们的相关保险业务实施税收优惠。积极推进自然灾害保险试点，深化保险体制机制改革。同时，促进保险公司完善其治理结构和管理体制，提升保险公司在西南民族地区自然灾害保险业务方面的可持续发展能力。

最后，政府需要通过积极有效的手段和渠道大力宣传自然灾害保险，普及自然灾害保险的常识，增进大家对自然灾害保险的了解，增强自然灾害保险的接受程度。在提升人们对自然灾害保险认识的同时，政府要向大家明确自己的责任，给予人们购买保险的信心。同时，可以设置专门的机构，加强制度建设，协调自然灾害保险制度的相关建设工作。机构一方面可以加强与当地群众的联系，普及知识，解决他们的疑惑，另一方面，可以加强对保险公司的对接沟通，制定相应的优惠性政策，投入和配给一定的公共资源，促进保险公司自然灾害保险业务的发展。此外还要进一步明确各方权利和责任，协调各方力量，推动地方自然灾害保险制度有序协调建立。

（2）在市场经济条件下建立自然灾害保险的管理体制

救灾体系如果只是完全依赖国家和政府出资的话，无疑会大大加重财政负担，并且也不能及时地满足受灾人民群众的需要。因此，应该充分利用市场经济的优势，引入市场经济体制机制，建立防灾救灾保险管理体制。首先，保险公司要拓宽保险服务领域，发展自然灾害保险，完善多层次保险体系。可以借鉴发达国家的相关经验，发展不同层次的再保险公司，通过建立对自然灾害保险的再保险制度，进一步降低保险公司进行自然灾害保险业务的风险，活跃保险市场。国家也可以在市场经济条件下设立再保险公司，运用保险机制进行层层分保，分散风险，对分散的各种保险进行多层联防，突破原有的保险层级界限，形成一套完备的自然灾害保险体系。

（3）发展巨灾债券

通过发行收益率和特定巨灾损失联动的债券，将保险公司的巨灾风险的一部分转移给债券投资者。巨灾债券发行给普通人后，未来债券本息的偿还完全依赖于巨灾损失的发生。也就是说，以在资本市场发行债券的方式，一方同意为债券发行的承诺支付本金，另一方同意根据将来的巨灾发生按期支付高利息，这成为之后的利息支付和期末债券偿还的依据。与传统的再保险不同，巨灾债券通过资本市场发行，具有许多优势，风险的转移是更彻底的。信托由专门的中介机构管理的时候，买方和卖方的信用风险几乎没有。通过发行巨灾债券，市场资本可以直接参加保险市场的风险承兑，提高巨灾市场整体的承兑能力，提高再保险或保险公司的承兑能力；另外，巨灾债券的发行对巨灾再保险市场的价格等有稳定效果。巨灾债券为西南民族地区防御经常性较大自然灾害提供了新的方法，不仅提高了保险公司承受灾害的能力和积极性，还可以减少自然灾害对人们的伤害。

7.2 构建本地化农村医疗保险制度

新中国成立以来，我国的农村医疗保障体制发生了翻天覆地的变化，经历了从无到有、逐步完善的过程。截至 2021 年底，全国基本医疗保险（以下简称"基本医保"）参保人数 136 297 万人，参保率稳定在 95% 以上，参加城乡居民基本医疗保险人数 100 866 万人[59]。但我国不同的地区经济发展水平存在着很大的差异，各地区内部的劳动力也在不断分化，建立具有西南民族地区本地化的农村医疗保险制度对于低收入群体实现可持续生计更加具有重要意义。

7.2.1 构建本地化农村医疗保险制度的现实环境

因病致贫、因病返贫是西南民族地区脱贫攻坚中面临的重要问题。构建完善的适应本地特点的农村医疗保险制度，解决好广大农村居民的医疗保障问题，具有十分重大的意义。一方面，对满足广大少数民族农民医疗保障的需要十分重要，另一方面对于促进我国西南民族地区的社会稳定和经济健康发展、巩固拓展脱贫攻坚成果、推动乡村振兴战略的实施具有非常重要的价值。基于此，研究我国农村医疗保险制度不仅是必要和紧迫的，而且具有重要的理论和现实意义，它具体体现在：农村医疗保险制度旨在解决"看病难、看病贵"的问题，这是"三农"问题的重要组成部分；农村医疗保险制度的可持续发展是深化我国社会保障制度和医疗制度改革的重要课题；农村医疗保险制度的可持续发展，可以缓解农村和城市的贫富差距，增强农民福利，提高农民生活水平。农村医疗保险制度的建设关系到国家的民生计划，我国当前已经建立了农村新型合作医疗制度，这是现在农民医疗保障的重要手段之一。近年来我国农村医疗保障制度不断发展和完善，覆盖面越来越广，参合率也越来越高，解决了很多农村低收入群体看病难问题。

但与此同时，我国西南民族地区农村医疗保险制度的发展还不完善，难以在农村医疗体系中发挥重要作用。尽管近年来国家也在不断地加大农村医疗保障制度的建设，但是由于各地情况不一，西南民族地区农村医疗保障制度还存在着一些问题。

首先，报销比例有限，个人负担仍较重。目前，农村医疗保险制度规定了明确的报销范围和报销比例。根据医院级别的不同，报销比例也有所不同。乡镇卫生院报销比例较高些，而级别越高的医院，报销比例就越低。报销范围也有明确的清单，较少包括使用进口药品和基本不包括部分医疗器械，报销设置的限定条件也较多。从当前西南民族地区农村人口的实际医疗需求看，很多老人都患有长期的慢性病，需要靠药物长时间进行维持，但是很多药物却不在报销范围内，而有的病严重时更需要进行手术治疗，往往会使用到部分进口药和医疗器械，但这些也并不在报销范围内。对于农村低收入群体家庭来说，这是一笔很大的开销。因此，很多农村家庭因生病而出现致贫、返贫等。

其次，商业医疗保险参保率较低。西南民族地区农村贫困人口受教育程度低，购买医疗保险不及时，并且大多数农民不会主动去了解商业健康保障相关的产品信息。另外，他们对保险产品还存在很大的质疑，很难理解复杂的保险条款，同时参保费用也较高，影响了农村居民获取商业保险的保障。商业保险在西南民族地区农村几乎是空白，农村居民仍存在较大的医疗保障缺口。

最后，医疗保险制度的灵活性较低。比如，医疗保险制度设置个人账户，但是其利用率却很低，长期闲置，降低了医疗保险基金的使用效率。另外，现行的农村医疗保障制度是政府主导的，公众和市场的参与是有限的。这带来了难以满足农村人口保险需求的单一风险保障形式。此外，还存在缴纳多份保险的情况。由于西南民族地区农民外出务工，大多数单位会为其缴纳医疗保险，同时他在自己家乡所在地也缴纳了医疗保险。这不仅造成双重缴纳，还会在报销时出现冲突，权责不明。

7.2.2 构建本地化农村医疗保险制度的基本内容

鉴于因病致贫、返贫曾经是西南民族地区比较突出的社会问题，加上当前农村医疗保险制度还存在不完善的地方，因此需要结合当地实际，不断创新制度内容和形式，形成本地化的医疗保险制度。具体政策建议如下：

（1）进一步完善分等级的报销制度

在当前，西南民族地区农村医疗保障中存在着报销比例不高[①]、个人负担仍较重的问题。鉴于此，要进一步完善分等级的报销制度，既能减少医疗资源的浪费与损耗，又能根据实际情况减少病重低收入群体家庭的负担。分等级的报销制度就是指改变当前的按照统一比例方式报销的方式，根据使用者在医疗

---

① 国家规定了新型农村合作医疗制度对贫困户的特殊政策，贫困户的报销比例很高，但非贫困户报销比例有限，特别是在异地和等级较高医院。

保障使用过程中的难易程度、治疗周期和所需医疗费用水平等具体情况进行分等级的费用报销。比如，探索以病种等级为依据的报销制度，对某些常见性容易治疗的疾病，可以适当地降低报销比例，而对于那些难度大、费用高、难治疗的疾病就可以报销更高比例的费用。这样不仅可以有效地避免造成医疗资源浪费，还可以给予低水平收入群体家庭有效的帮助。

（2）进一步探索和完善门诊和住院一体化报销制度

目前在我国实施的主要是住院报销制，大部分门诊费用没有纳入医保报销范围。在中国医疗卫生建设过程中，不仅要明确住院患者的诊疗报销规则，还要适当扩大门诊报销范围。对于西南民族地区，要通过试点先行，逐步将部分对健康损害大、费用负担重的门诊慢特病和多发病、常见病普通门诊费用纳入统筹基金支付。在确保住院补偿的坚实性和稳定性的基础上，灵活运用外来诊疗资金，实施不同方向的外来诊疗补偿，提高大病患者实际诊疗费的报销比例，合理发挥医疗保障的保障效果。

（3）通过优化制度提高农民参保积极性

西南民族地区医疗保险要向医疗保险、医疗救助、医疗服务一体化的综合医疗保障系统方向发展。为了进一步改善新的农村合作医疗制度，要不断刺激农民参与合作医疗的积极性，巩固现有的参保率。考虑到民族地区农村居民高患病率和普遍低收入的现状，应适当提高政府投资合作医疗保险的比例，个人承担额一般控制在当年农民人均纯收入的1%~3%。为了让无钱购买医疗保险的极端低收入阶层也能享受基本医疗服务，必须尽快建立农村医疗救援制度，通过制度化的形式，确保极端贫困群众享受农村医疗保险。加强县、乡医疗服务机构建设，提高服务质量，规范服务行为。积极探索将多种基础医药品列入西南民族地区新型农村合作医疗制度的新基本医药品名单，并不断降低医药品价格。

（4）设计并推介与农村基本医疗保险互为补充的商业保险

商业医疗保险是指由保险公司经营的以营利为目的的医疗保险。消费者按照一定数额支付保险金，遇到重大疾病时，可以从保险公司获得一定数额的医疗费用。商业保险作为个人层面的补充保障，受到保费水平较高、农村居民保险保障意识不足等因素的限制，当前在农村地区特别是西南民族地区的发展还不充分，导致商业健康保险在农村地区的覆盖率较低。商业医疗保险是对基本医保上重大疾病保障缺少的完善，对于没有医保的人来说，重疾医疗保险尤其重要。而对医保已覆盖对象来说，重大疾病医疗保险也可作为一种必要补充。所以可以联合商业保险公司，通过资金补贴等形式鼓励开发一种仅仅向西南民族地区农村居民提供的商业保险，这种保险充分考虑到当地人的保费可承受性和高发性疾病，弥补国家基本医疗保险保障的不足。随着年龄的增长，个人承担疾病风险的能力也会下降，通过购买商业医疗保险，被保险人不仅可以报销疾病诊断和治疗的费用，还可以减少重大疾病导致的工作能力丧失和将来收入减少对家人的巨大经济影响。这样可以保障个人在出现任何疾病的情况下，都能够接受医疗和护理，提高生活和工作的动力。因此，针对当前我国农村医疗保障的不足，需要推广商业保险作为农村基本医疗保障的补充。

在推动商业保险进入西南民族地区农村的过程中，首先要明确商业保险和农村医疗保障的分工，明确各自的侧重点，实现二者的有效结合。同时政府需要宣传普及商业保险的相关知识，让农村居民意识到商业保险的重要性及关键时候的作用。最后，要简化农村商业医疗保险的手续，提高服务水平。很多农村居民由于知识水平有限，对商业保险繁琐的程序以及复杂的规章难以理解，这就需要当地商业医疗保险部门优化程序，制定符合西南民族地区群众特定需要的简单易懂的操作手续，帮助他们快速地办理医疗保险。

（5）创新和完善多种医疗保障模式

医疗救助、慈善捐赠、网络众筹等方式为无力承担医疗费用的家庭提供无偿的援助，保障贫困人口能够得到有效的救治，不因财务状况而放弃治疗，保障他们的基本权利。医疗互助尤其是网络互助是近年来新兴的一种低门槛的医疗保障方式，对于满足农村居民的医疗保障需求是十分有益的尝试。从近年来的运行情况来看，网络互助的疾病分摊成本也比较低，也比较适宜农村居民的经济状况。慈善捐赠、网络众筹、医疗救助等救济性的制度安排应重点保障底层贫困人口的医疗保障需求，发挥政府、市场和民间制度的托底功能。网络互助作为提供医疗互助的有效途径，应当以中低收入群体为主要服务目标，发挥低门槛、低成本的优势，进一步提升在农村医疗保障中的重要作用。

7.3　构建发展型的社会救助制度

作为社会保障体系的重要组成部分，社会救济对保障低收入阶层和遭遇事故的人们的生命和财产安全起着重要的作用。

7.3.1　构建发展型社会救助制度的现实环境

社会救助制度是社会保障系统的最后一道防线，是反贫困的最后一个堡垒，是整个社会的最后一张安全网。与其他社会保障制度相比，社会保险提供可预测的基础生活保障，社会福利以提高生活质量和满足个人需求为基础，而社会救助则是提供最低保障。因此，社会救助的对象是低收入的困难人群、受灾的不幸人群、因各种各样的原因陷入生存危机和特殊困难的人群，他们构成了需要政府和社会救助的社会弱势群体。对他们的民生提供最低基本保障是社会救助制度的核心，也体现了社会保障制度的要义。我国社会保障的理论和实践证明了社会救助制度对缓解贫困、保障低收入人群生活起着重要作用。

我们也应该看到，传统社会救助制度存在着很大的改进空间。首先，基本目标比较单一，往往集中在直接帮助贫困者解决眼前的问题，缓解他们基本生活方面的困难，而在制度设计和运行中对提升贫困者能力重视不够。在这个过程中，政府支援部门常常以"家长"的态度将被支援者置于被动、绝对弱势的地位，无视接受援助的人的主动性，把等待接受援助的人视为依赖政府、社会或其他人的被动群体。同时，传统的社会救助制度比较注重单一的经济救助，主要采用现金救助的方式，因此容易引发福利依赖，导致"贫困陷阱"效应。目前西南民族地区的社会救助制度也主要是物质性救助，直接给予被救助者金钱、物质方面的帮助，无法对他们进行可持续性的生计保障。然而"授人以鱼不如授人以渔"，直接的物质帮助所起的作用是暂时性的、有限的。

另外，现在社会救助制度的发展主要依赖政府的资源。政府援助几乎涵盖了社会援助的全部内容，其他组织、团体、社会力量参与度较低。毫无疑问，政府在社会救助系统中应该起主导作用，但仅仅依赖政府的话，不仅救助的范围有限，救助水平也难以提升。无法调动和利用各种社会资源，不利于制度的可持续发展。中国拥有庞大的人群，同样也拥有强大的社会力量，有众多民间组织群体，需要充分调动他们的力量来缓解政府的压力。当贫困治理从过去的绝对贫困治理转向相对贫困治理时，我们不仅要充分重视社会救助制度在其中的重要作用，而且还应该充分认识到传统社会救助在相对贫困治理中的制度缺陷。

基本生存保障是传统社会救助的核心目标。长期以来，我国的社会救助一直是低保。当城乡居民陷入生存困难时，可以给他们提供最低生活保障，帮助他们克服困难、维持生存。社会保障是保障基本生存功能，在社会保障发展的初期阶段尤为如此。但是，随着经济社会发展水平的提高和城乡居民生存需求的提高，低水平保障的局限开始显现，同时还产生负面效应，导致"救助陷阱"出现，很难达到社会救助的真正目标。因此，我们在改善社会救助的生存功能的同时，应改进救助方法，提高救助水平。在改善生存的同时，使促进发展功能更加彰显，以不断促进人的全面发展。社会救助不仅要从传统意义上进行生活保护，还要逐步提高社会救助的范围和水平。要让社会救助制度在西南民族地区巩固脱贫攻坚中发挥更加积极的作用，需要对其进行相应的改革，实现从传统社会救助制度向更加积极的发展型社会救助制度转变。

7.3.2 构建发展型社会救助制度的基本内容

发展型的社会救助制度是适应生产力不断发展、人民生活水平不断提高、保障需求不断提升要求的。西南民族地区需要在结合当地生产力发展条件基础上，探索构建发展型社会救助制度。

（1）培养人们的"发展"理念，改变历来的价值观

社会救助是在价值观指导下的制度配置，它影响社会救助的功能性取向和制度性实践。通过将发展理念纳入社会救助，可以有效拓展社会救助系统的基本功能，促进人力资本的发展，保障受益者的基本生活，反对"社会排斥"。现在，我国的社会救助制度中潜藏着事后补偿的思想。在其指导下，社会救助的基本功能只能提供基本的保障。而如果将社会救助的价值理念延伸到无论是现实还是长期都必须具有积极应对和预防贫困功能，而不是事后补偿和缺陷维修，那么我们的社会救助制度就兼具了事前预防和事后干预的作用。因此，西南民族地区需要参考人力资本理论和发展型社会政策的有益内容，培养和强化社会救助的"发展"理念，进一步拓展社会救助的基本功能。除了保障生活的功能外，还应发挥促进人力资本发展、促进低收入阶层社会流动的基本功能。

（2）选择与发展型社会救助模式相适应的社会劳动模式

明确发展型社会救助模式，需要选择结合劳动福利、特别援助、条件转移补贴的混合动力模式。从国际经验来看，选择什么样的发展模式与国家社会救助政策的依据和经济社会发展状况密切相关。欧美各国选择劳动福利模式的理由是这些国家有社会救助政策的基础，一般的现金援助计划占据了援助系统的核心。由于现金援助的高水平，存在着长期领取者需要雇佣激励才能回到劳动市场的问题。南美和东南亚各国选择有条件汇款和特别援助，一方面是因为实施援助所需的现金总量相对较低，符合发展中国家的经济和社会条件；另一方面，南美和东南亚各国的社会援助政策在这两种模式被采用之前非常缺乏，一般来说只有零散的暂时援助。通过引入新的社会救助程序，可以发展成主导模式。在韩国的社会救助系统中，基于劳动福利模式的最低生活保护制度的国家现金救助计划发挥着主导作用。近年来，许多地区正在摸索积极的就业奖励政策，劳动福利的要素也开始出现。基于特殊救助模式的特殊救助程序也是韩国

社会救助活动的重要组成部分。随着我国经济社会的发展，特别救助的重要性增加，特别救助的要素开始出现，虽然没有对特定团体有条件的现金转账支付，但和韩国的分类保险有相似之处。不过，特殊集体生活保护没有与人力资本的培养挂钩。实际上，在相对落后的农村地区，接受最低生活保障的家庭，需要向看护、健康检查、教育等人力资本发展延伸。经过多年的社会救助改革，我国基本形成了以最低生活保障和基本现金救助为核心，以医疗、教育等其他目的的救助为辅助的综合性社会救助系统。也就是说，中国的社会救助政策有基础。因此，基于中国社会救助的独特基础和现状，西南民族地区发展型社会救助系统的构建应选择包括劳动福利、特别援助、条件转移补贴在内的混合模式。另外，这种混合模式不会产生很多现金援助成本，能够从多方面促进人力资本的发展，也符合中国现在的经济社会形势。

（3）对社会救助制度进行适应性调整

第一，借鉴发达国家工作福利模式的经验，完善相关管理机制，以促进就业为重要目标。近年来，很多地方都在探索社会救助如何促进就业。可以在总结各地经验的基础上，借鉴发达国家工作福利模式的有益做法，形成适合西南民族地区具体情况的制度化促进就业方式。具体而言，要建立科学的评价机制，实行动态管理。为实施积极的就业政策，政府可以提供公共服务岗位、培训和学习机会等，有必要进一步完善低保和低收入家庭财产收入适当豁免制度和逐步退出援助制度，使受援者获得有效的就业激励。在可能的情况下，还应推行个案工作计划，逐步建立以就业为重点的社会融合机制。第二，借鉴东南亚特别救助模式的经验，进一步加强和规范西南民族地区的特别救助制度。具体而言，要科学合理地确定特别救助对象，不能简单地将其等同于最低生活补助对象，而应针对在生产生活等方面确实有困难的群体；要提高医疗救助水平，如逐步降低医疗救助的付现率；在特别援助方面，医疗、教育和住房等其他社会服务应与发展投资有效结合。三是借鉴拉美国家对不同类别贫困群体实施有条件现金转移支付的经验。目前，分类保险在西南民族地区已实施，但在实践中，分类比较粗糙，难以界定人群。而且，流动救助资金只是家庭低收入保障基金的一部分，不能保证用于家庭中特定的困难人群。因此，有必要在现有分类保险的基础上进一步改革，细化分类，明确儿童、孕妇、老人、残疾人等特定困难群体，对不同群体实行有条件的现金转移支付。例如，如果家庭中有接受最低生活津贴的学龄儿童，可以提供额外的现金援助，但家庭必须确保这些儿童接受定期体检并完成学业。如果受助家庭中有孕妇、老人或残疾人，将额外提供现金，并提供定期检查、医疗、护理等服务。

7.4 构建公共服务城乡均等化的保障制度

提供基本公共服务是政府的基本职能，享受基本公共服务是国民的基本权利，这体现了发展的社会属性。城乡公共服务均等化是基本公共服务均等化的重要内容之一。实现城乡公共服务均等化，可以消除城乡二元分割，促进城乡融合，保障农村居民共享发展成果。构建公共服务城乡均等化的保障制度，促进公共服务均等化，是西南民族地区脱贫户生计可持续实现机制充分发挥效能的重要保障。

7.4.1 构建公共服务城乡均等化保障制度的现实环境

在西南民族地区，城乡公共服务差距较大。中国市场经济的快速发展，农村人口的快速转移，一定程度上造成了城乡差别，其中较为突出的就是城乡公共服务差距日益明显。长期以来，城乡二元社会结构给城乡人均收入和基本公共服务水平带来巨大差距，形成了城乡公共服务体系和公共财政体系"二元"的状况。不平衡的公共财物供给系统对城乡经济和社会发展产生负面影响，使城乡经济和社会发展更加不平衡。这主要表现在：第一，城乡基础教育供给存在差距。长期以来，国家教育投入倾向于城市，城乡教育资源分布有很大差距，比如，城市教育系统相对完善，教育资源相对丰富，教育费用相对充足，在教育设施、设备、环境、师资等方面存在明显优势。第二，城乡社会保障存在差距。现在，中国的城市社会保障制度基本框架已搭建完成，进入了发展阶段。大、中城市的最低保障制度、救助制度已经建立、完善，重点护理事业已经顺利开展。退休人员领取养老金，失业者领取失业保险，"三无"劳动者享受城市居民最低生活保障。与之相比，农村的社会保障制度不足，参保率低。第三，城乡公共卫生存在差距。在公共卫生服务方面，城乡差别也很明显。优秀的医疗卫生人才集中在城市的大医院，城乡社区卫生服务滞后严重。虽然城市和农村的人均公共卫生支出都在增加，但横向差距仍在扩大。第四，城乡公共基础设施存在差距。城乡基本公共服务的差距在基础设施领域体现得尤为显著。多年来，城市公共设施在国家财政投入的帮助下越来越好，使得城乡之间在水、电、路、通信、学校、医院、图书馆等公共基础设施供应方面存在很大差距。在脱贫攻坚过程中，农村基础设施虽然发生了翻天覆地的变化，但仍然不能与城市相提并论，农村的交通、通信、自来水、农田水利等基础设施和文化、体育、娱乐、休闲等基础设施仍然存在诸多不足。

7.4.2 构建公共服务城乡均等化保障制度的基本内容

（1）建立城乡一体化公共服务体系

和全国一样，城乡居民基本公共服务失衡在西南民族地区十分显著。这严重制约了西南民族地区农村经济发展，影响了农民可持续生计能力的增长。要积极推进城乡基本公共服务均等化，打破城乡二元公共服务结构，加快建立城乡统一的公共服务体系。政府必须主导建立城乡统一公共服务体系，统一推进改革，基于城乡一体化要求，建立城乡统一公共服务供给系统，建立城乡一体化义务教育体系，建立连接城乡的农村社会保障体系；加快发展新型农村合作医疗制度，保障农民医疗保健和基本医疗服务；统一城乡基础设施建设，不断改善农民的生产生活条件。

（2）提供均等化的公共服务

如何提供公共服务产品，提供什么样的公共服务产品？这是公共财政体制要解决的问题。针对西南民族地区的城乡公共服务差距问题，构建城乡基本公共服务均等化的财政系统的关键在于合理划分各级政府提供公共服务的责任。行政权力划分的最大问题是执行责任和支出责任不明确，这是政府长期功能不全的主要原因。不明确的责任和不合理的分工直接影响政府基本公共服务效率，造成城乡基本公共服务供应能力的差距。首先，要合理划分各级政府提供基本公共服务的职责，调整和规范中央和地方、地方各级政府之间的收支关系，建立健全符合事务权的财政和税收体制。其次，要确保各级政府符合事权的财权，调整和规范中央和地方财政收入的划分，切实扩大地方政府的财权。再次，要推进西南民族地区县乡财政体制改革。县乡财政管理体制改革的重点在于增强基层财政保障能力。摸索推进西南民族地区省直辖县财政管理体制。积极推进乡镇财政管理体制改革试点，进一步规范和调整县乡财政关系。通过改善奖励约束机制，加强省级政府对地方财政配置的调整责任，不断加强省级财政对市、县财政的指导和调整，逐步形成纵向和横向合理平衡的财政分配结构，逐步加强政府提供基本公共服务的制度保障能力。最后，要构建可持续农村公共服务财政支持机制。实现城乡基本公共服务均等化，增加农村公共服务供给是困难的长期任务。将合理的政策安排转化为制度安排，将政府资金进一步投入农村公共服务领域，以确保满足农民对公共服务的需要。

（3）建立公共服务型政府

公共服务型政府不仅是要提供公共服务，而且还要做好公共服务的分配，提供好公共服务。强调这一理念对于西南民族地区转变政府职能、推进政府职能改革具有重要的作用。首先，转换控制管理的理念，建立服务管理的理念。服务型政府是指政府在行政理念、权力配置、功能配置、机构改革、行政方式等方面发生了巨大变化的新政府。服务型政府调整政府与市民、政府与社会、政府与市场的关系，从根本上改变万能政府的弊端。其次，定义政府的职能，合理安排财政支出。要增加政府基本公共服务支出，满足当前公共服务需求；明确政府在公共服务中的职能定位，防止越位、错位、缺位；明确公共服务领域的政府功能，增加中央基本公共服务支出；积极推进基层政府扩大公共服务功能。最后，加快行政管理体制改革。加强政府公共责任，防止公共服务过度市场化；加强人民群众对公共服务质量和效率的监督；加强相关制度建设，健全监督机制。

（4）建立公共服务城乡均等化的绩效评估体系

成果评估是保证基本公共服务供应效果的重要手段。建立基本公共服务均等化成果评估体系是推进城乡基本公共服务均等化的重要环节。首先，设定业绩评价基准。政府的成果评估应当规范政府的行政行为，提高行政效率，提高政府在社会、经济、文化事务上的管理效率和竞争力，以提升城乡公共服务均等化水平、改善国民生活为目的。其次，政府业绩评价机构多层化、多元化。评估主体的组成应多元化，由政府高官代表、社会团体代表、企业代表、全国人大代表、专家、社会各界代表组成，政府服务综合实绩评估委员会负责制定制度、收集信息、评价指标和评价综合调整等工作，确保评价工作的公正性。再次，建立基本公共服务成果评估体系。成果评价系统应在义务教育、基本医疗卫生、社会保障、公共服务城乡均等化等方面按项目综合评价。为了发挥评价系统本来的作用，有必要建立机制。必须导入多种多样的评价系统，坚持透明开放的原则，构筑以人民为中心、以满足度为尺度的多样的评价系统。最后，加快社会利益调整，改善西南民族地区城乡居民参与机制。政府的公共服务功能系统的改善包括居民参与在内。公共服务是为了最大限度地满足国民的社会需求而提供的，因此，为了改善政府的公共服务功能，必须以公共需求为导向，鼓励城乡居民积极参与。

7.5 本章小结

本章制度保障主要是为西南民族地区脱贫户可持续生计实现机制的效能发挥创造一个良好的社会运行环境。社会保障制度的建立和完善，可以从微观上为西南民族地区保障脱贫户及低收入群体的基本生计水平稳定，避免生计状况因突发性事件急剧恶化的情况，从而影响可持续生计实现机制效能发挥的微观基础；同时从宏观上保障西南民族地区为实现经济发展、生计可持续而实施的各项战略方针、政策措施不受地域突发性事件冲击而中断或改变，为西南民族地区可持续生计实现机制效能发挥创造良好宏观基础。因此，构建制度保障包括构建地区特色自然灾害保险制度、构建本地化农村医疗保险制度、构建发展型的社会救助制度、构建公共服务城乡均等化的保障制度。在构建各类具体制度时，从分析该制度面临的现实环境入手，以现实问题为导向，然后提出构建各类制度的基本内容。

参考文献

[1] 中央政府门户网站. 中共中央国务院关于打赢脱贫攻坚战的决定 [EB/OL]. (2015-12-07) [2018-10-07]. http://www.gov.cn/zhengce/2015-12/07/content_5020963.htm.

[2] 习近平. 在全国脱贫攻坚总结表彰大会上的讲话. [EB/OL]. (2021-02-25) [2022-07-01]. https://baijiahao.baidu.com/s? id=1692670116845574355&wfr=spider&for=pc.

[3] 丁士军, 张银银, 马志雄. 被征地农户生计能力变化研究: 基于可持续生计框架的改进 [J]. 农业经济问题, 2016 (6): 25-33.

[4] 汪三贵, 曾小溪. 从区域扶贫开发到精准扶贫: 改革开放 40 年中国扶贫政策的演进及脱贫攻坚的难点和对策 [J]. 农业经济问题, 2019 (8): 40-49.

[5] 蒋作梅. 村民民主参与精准识贫探讨 [J]. 西南林业大学学报 (社会科学), 2017, (5): 95-97.

[6] 贺雪峰. 精准扶贫与农村低保的制度绩效问题 [J]. 江苏行政学院学报, 2019 (3): 55-61.

[7] CHAMBERS R, CONWAY G. Sustainable rural livelihoods: practical concepts for the 21st century [M]. Brighton: IDS, 1992.

[8] WECD. Food 2000: Global polices for sustainable agriculture [M]. London: Zed Books, 1987.

[9] SCOONES I. Sustainable rural livelihoods: a framework for analysis [Z]. Working Paper72, 1998: 5.

[10] 苏芳, 徐中民, 尚海洋. 可持续生计分析研究综述 [J]. 地球科学进展, 2009, 24 (1): 61-69.

[11] 高功敬. 城市贫困家庭可持续生计: 发展型社会政策视角 [M]. 北京: 社会科学文献出版社, 2018.

[12] 苏芳. 可持续生计：理论，方法与应用 [M]. 北京：中国社会科学出版社，2015.

[13] 习近平. 习近平谈治国理政（第三卷）[M]. 北京：外文出版社，2020.

[14] 刘晨燃. 论物质资本的积累效应 [J]. 山东经济，2009，25 (5)：43-47.

[15] 西奥多·舒尔茨. 论人力资本投资 [M]. 北京：经济学院出版社，1992.

[16] 王宏昌.《诺贝尔经济学奖金获得者讲演集》（一九六九—一九八一）[M]. 北京：中国社会科学院出版社，1986.

[17] 贝克尔. 人力资本：关于教育的理论与经验分析 [M]. 北京：北京大学出版社，1987.

[18] 明赛尔. 人力资本研究 [M]. 北京：中国经济出版社，2001.

[19] 世界银行. 从贫困地区到贫困人群：中国扶贫议程的演进中国贫困和不平等问题评估 [R]. 纽约：中国贫困和不平等问题评估编委会，2009.

[20] 黄建. 社会资本的三个维度 [J]. 党政论坛，2014 (5)：28-31.

[21] ROBERT D. PUTNAM, Making democracy work：civic traditionsin mordern Italy [M]. Princeton：Princeton University Press，1993.

[22] 张克中. 社会资本：中国经济转型与发展的新视角 [M]. 北京：人民出版社，2010.

[23] 姚毅. 社会资本视角下贫困问题研究的文献综述 [J]. 甘肃农业，2011 (10)：11-12.

[24] 2000/2001 年世界发展报告报告编写组. 2000/2001 年世界发展报告：与贫困做斗争 [M]. 北京：中国财经出版社，2001.

[25] 严瑞珍，龚道广，周志祥，等. 中国工农业产品价格剪刀差的现状、发展趋势及对策 [J]. 经济研究，1990 (2)：64-70.

[26] 孔祥智. 改革开放以来国家与农民关系的变化：基于权益视角 [J]. 中国人民大学学报，2018，32 (3)：16-25.

[27] 王郁昭. 往事回眸与思考 [M]. 北京：中国文史出版社，2012.

[28] LIN Y F. Rural reformsand agricultural growthin China [J]. American Economic Review，1992 (82)：34-51.

[29] 张琦，冯丹萌. 我国减贫实践探索及其理论创新：1978—2016 年 [J]. 改革，2016 (4)：27-42.

[30] 孙铮. 新时期扶贫攻坚之路 [M]. 北京：中国经济出版社，2017.

[31] 国家统计局农调队. 中国农村贫困监测报告 [M]. 北京：中国统计出版社，2001.

[32] 高鸿宾，王卫民，黄承伟. 扶贫开发规划研究 [M]. 北京：中国财政经济出版社，2001.

[33] 汪三贵，ALBERT，PARK，等. 中国新时期农村扶贫与村级贫困瞄准 [J]. 管理世界，2007（1）：56-64.

[34] 任燕顺. 对整村推进扶贫开发模式的实践探索与理论思考：以甘肃省为例 [J]. 农业经济问题，2007（8）：95-98.

[35] 张丽君，吴本健，王润球，等. 中国少数民族地区扶贫进展报告（2016）[M]. 北京：中国经济出版社，2017.

[36] 汪三贵，郭子豪. 论中国的精准扶贫 [J]. 贵州社会科学，2015（5）：147-150.

[37] 王朝明，王彦西. 精准扶贫瞄准机制和政策思考 [J]. 经济研究参考，2018（6）：23-24.

[38] 林卡，范晓光. 贫困和反贫困：对中国贫困类型变迁及反贫困政策的研究 [J]. 社会科学战线，2006（1）：187-194.

[39] 朱海平. 关于农村反贫困政策的思考 [J]. 青年与社会，2014（10）：2.

[40] 金炳镐. 中国共产党民族政策发展史 [M]. 北京：中央民族大学出版社，2006.

[41] 祁进玉. 民族地区义务教育扶持制度研究 [J]. 民族教育研究，2007，18（2）：16-23.

[42] 易大东. 科学发展观视域下党的区域经济战略思想的新发展 [D]. 湘潭：湘潭大学，2012.

[43] 瞿晓琳. 毛泽东对民族地区发展问题的认识和探索：以《论十大关系》为中心的考察 [J]. 中南民族大学学报（人文社会科学版），2014，34（5）：91-95.

[44] 魏后凯，成艾华，张冬梅. 中央扶持民族地区发展政策研究 [J]. 中南民族大学学报（人文社会科学版），2012，32（1）：103-110.

[45] 黄承伟. 中国扶贫开发道路研究：评述与展望 [J]. 中国农业大学学报（社会科学版），2016，33（5）：5-17.

[46] 刘江. 中国西部地区开发年鉴（1979—1992）[M]. 北京：改革出

版社，1992.

[47] 王文长. 少数民族地区反贫困实践与反思 [M]. 北京：中国社会科学出版社，2016.

[48] 吴建国. 20 世纪末叶中国边疆民族地区反贫困行动述评 [J]. 西南民族大学学报（人文社科版），2001 (3)：18-25.

[49] 中共中央统一战线工作部. 中央财政设立的少数民族发展资金要逐步增加 [EB/OL]. (2009-03-08) [2019-05-26]. http://www.zytzb.gov.cn/mzzcfg/76185.jhtml.

[50] 红梅. 中国少数民族经济政策 50 年 [J]. 广西民族研究，2000 (2)：1-6.

[51] 杨维汉. "兴边富民行动" 加大支持力度 [N]. 人民日报，2005-02-15 (4).

[52] 中国政府网. 2013 年民族八省区农村贫困人口比上年减少 559 万人 [EB/OL]. (2014-04-21) [2020-08-05]. http://www.gov.cn/xinwen/2014-04/21/content_2663679.htm.

[53] 国务院扶贫办. 坚持改革创新，推动民族地区扶贫开发工作 [EB/OL]. (2016-10-30) [2020-03-07]. http://www.seac.gov.cn/art/2014/12/23/art_8237_221502.html, 2016-10-30.

[54] 殷泓. "十二五" 以来民族八省区贫困人口减少 1712 万人 [N]. 光明日报，2015-10-28 (3).

[55] 习近平. 谋划好 "十三五" 时期扶贫开发工作确保农村贫困人口到 2020 年如期脱贫 [J]. 当代贵州，2015 (25)：8-9.

[56] 财政部：中央财政专项扶贫资金连续五年每年新增 200 亿元 [EB/OL]. (2020-12-02) [2021-05-18]. http://www.xinhuanet.com/fortune/2020-12/02/c_1126812843.htm.

[57] 王振振，王立剑. 精准扶贫可以提升农村贫困户可持续生计吗?：基于陕西省 70 个县（区）的调查 [J]. 农业经济问题，2019 (4)：71-87.

[58] 张国培，庄天慧，张海霞. 自然灾害对农户贫困脆弱性影响研究：以云南禄劝县旱灾为例 [J]. 江西农业大学学报（社会科学版），2010，9 (3)：10-15.

[59] 国家医疗保障局. 2021 年全国医疗保障事业发展统计公报 [EB/OL]. (2021-6-8) [2022-03-17]. http://www.nhsa.gov.cn/art/2021/6/8/art_7_5232.html.

附录

附录1 西南民族地区农村农户调查问卷

调查员需告知受访者：首先感谢您花费您宝贵的时间接受我们此次的问卷调查，本次问卷调查是由××大学与××大学针对西南少数民族地区农村贫困家庭研究发起的实地调查。

此次问卷大约需要花您20分钟时间。

我们对您承诺：此次问卷调查只涉及科学研究，不涉及任何商业活动，我们会对获取的信息资料严格保密。

感谢您的合作，祝您家庭幸福，万事如意！

调查省份：＿＿＿＿＿＿＿＿＿＿＿＿＿＿＿＿＿＿＿

地市：＿＿＿＿＿＿＿＿＿＿＿＿＿＿＿＿＿＿＿＿＿

县市：＿＿＿＿＿＿＿＿＿＿＿＿＿＿＿＿＿＿＿＿＿

乡/镇/街：＿＿＿＿＿＿＿＿＿＿＿＿＿＿＿＿＿＿＿

调查村庄：＿＿＿＿＿＿＿＿＿＿＿＿＿＿＿＿＿＿＿

调 查 员：

联系方式：

调查日期：　　年　月　日

调查员注意：

1. 以下 7 类人如果与家里有经济联系，他们应该包括在家庭成员里：

（1）外出读书；（2）外出打工/工作；（3）出家；（4）探亲访友；（5）服刑；（6）参军/服役；（7）出国/境包括旅游（工作、留学、探亲）等；（8）已结婚搬出去住，但与家里有经济联系。

2. 在选项下面打√，其他（请注明）请填写。

调查员自己观察，无需询问受访者：

G1. 调查村的类型是？（若村子符合多个特征，可多选）

1. 低山丘陵村　2. 高山/山区村　3. 平原村　4. 高原村

5. 滨江/滨湖村　6. 沿海村　7. 草原村　8. 其他（请注明）_____

G2. 社区/村庄的道路主要是？

1. 柏油/水泥路　2. 沥青混凝土路　3. 砂石路　4. 土路　5. 其他_____

G3. 社区/村子的主要交通道路是否有路灯？

1. 是　2. 否

访员注意：请按 1~10 打分，1 分为差，10 分为好

G4. 社区/村庄经济状况：_____分

G5. 受访者性别？

1. 男　2. 女

第一部分：基本信息

A1. 您家是哪类家庭吗？

1. 建档立卡贫困户　2. 非贫困户

3. 脱贫户（问 A2）　4. 非建档立卡的贫困户　5. 其他（请注明）_____

A2. 请问您是哪一年退出来的（摘牌的）？_____年

A3. 您是家里的户主吗？（户口本上标有：户主×××）

1. 是　2. 否

A4. 您的年龄？_____（周岁）

A5. 您的民族？

1. 汉族　2. 藏族　3. 彝族　4. 羌族　5. 蒙古族　6. 侗族　7. 苗族

8. 壮族　9. 土家族　10. 傣族　11. 白族　12. 回族　13. 满族　14. 哈尼族

15. 其他（请注明）_____

A6. 您的政治面貌？

1. 中共党员　2. 群众　3. 共青团员　4. 无党派人士　5. 民主党派人士

6. 其他

A6a. 您家中共产党员的数量？_____ 人

A7. 您家庭的成员数量？_____ 人

注意：已经结婚、分了家的儿子的家庭不统计在内，已经结婚、未分家、还在一起生活的儿子的家庭要统计在内，出嫁的女儿不统计在内。

A8. 平时在家务农的家庭成员数量？_____ 人

A9. 常年从事非农产业的家庭成员数量？_____ 人

A10. 丧失劳动能力的家庭成员数量（常年不再参与务农或打工，不包括在校学生）？_____ 人

A11. 在校读书的家庭成员_____ 人

A11a. 非在校家庭成员中，高中及以上文化程度的_____ 人

A11b. 未成年（不满 18 周岁）家庭成员_____ 人

A11c. 家庭成员中，60 岁及以上老人_____ 人

A12. 您对目前生活状态的满意程度？_____ （请在 1~5 分区间打分，5 分表示非常满意，1 分表示很不满意）

第二部分：人力资本

B1. 您的受教育程度？_____ （填下面的序号，适用于 B2~B4）

（注意：未毕业按毕业统计；如初中未毕业，填写初中，以此类推）

1. 文盲　2. 未上过学，但识字　3. 小学

4. 初中　5. 高中　6. 中专/职高　7. 大专/高职　8. 大学本科

9. 硕士研究生　10. 博士研究生　11. 其他（请注明）

B2. 您配偶的受教育程度？_____

B3. 您父亲的受教育程度？_____

B4. 您母亲的受教育程度？_____

B4a. 目前，您的家庭成员取得的最高学历（或正在学习的最高阶段）是_____

B5. 建档立卡以后，您或家庭成员是否接受过与就业相关的培训？

1. 本人接受过　2. 家庭成员接受过　3. 从未接受过（跳至 B8）

B7. 家庭最主要的劳动力（挣钱最多或为工作付出最多）曾经参加过何种技能培训或指导？（可多选）

1. 种植技术　2. 养殖技术　3. 机械修理（如汽车、摩托车）

4. 餐饮服务　5. 电器维修　6. 手工艺

7. 农产品深加工　8. 法制教育　9. 文化扫盲

10. 电脑　11. 其他（请注明）＿＿＿＿＿＿　12. 没有参加

B8. 如果免费提供培训，您家最想参加那种职业技能培训？＿＿＿＿＿＿
（选项参见 B7，可多选）

B9. 和周围人相比，您认为您的勤奋（吃苦耐劳）程度如何？

1. 非常好　2. 比较好　3. 一般　4. 较差　5. 很差

B10. 家庭成员是否存在残疾的情况？（如肢体残疾、听力残疾、智力残疾、言语残疾、视力残疾等情况）　1. 是　2. 否

B11. 是否有残疾人证书？　1. 是　2. 否

B12. 存在残疾情况的家庭成员与您的关系？（可多选）

1. 父亲　2. 母亲　3. 配偶　4. 女儿　5. 儿子　6. 自己　7. 其他（请注明）＿＿＿＿＿＿

B13. 是否有患慢性疾病的家庭成员？（如高血压、冠心病、糖尿病、恶性肿瘤、肺部疾病等）

1. 是　2. 否

B14. 患慢性疾病的家庭成员是？（可多选）

1. 父亲　2. 母亲　3. 配偶　4. 女儿　5. 儿子　6. 自己　7. 其他（请注明）＿＿＿＿＿＿

B15. 目前，与同龄人相比，您的健康情况如何？

1. 好很多　2. 好一些　3. 差不多　4. 差一点　5. 差很多

B17. 您认为您家被列为贫困户的主要原因？（可多选，最多 2 项）

1. 因病（残）致贫　2. 因灾致贫　3. 因学致贫　4. 缺劳动力致贫

5. 缺土地致贫　6. 缺水致贫　7. 缺技术致贫　8. 缺资金致贫　9. 交通条件落后致贫

10. 因婚致贫　11. 其他＿＿＿＿＿＿

B17. 你认为你们家最需要的支持是什么？（限填一项）

1. 培训　2. 发展产业　3. 危房改造、搬迁　4. 教育支持　5. 医疗支持

6. 销售农产品　7. 贷款　8. 农业保险　9. 生活补助　10. 基础设施建设

11. 农机补贴　12. 不知道　13. 其他（请注明）

B17a. 您平时对经济、金融方面的信息关注程度如何？

1. 非常关注　2. 很关注　3. 一般　4. 很少关注　5. 从不关注

B18. 您是否能够通过互联网搜寻自己需要的知识、咨询、新闻等信息？

1. 是　2. 否

第三部分：社会资本

C1. 您的家人在以下哪些组织机构工作（任职）？（可多选）

1. 在村委会工作，非村干部

2. 村干部，包括村书记、村主任、妇女主任等

3. 乡镇（委）政府部门领导

4. 乡镇（委）政府部门一般工作人员

5. 县（委）级及以上政府部门领导

6. 县（委）级及以上政府部门一般工作人员

7. 农业合作社领导

8. 民营企业领导（不含小组组长等）

9. 国有企业领导（不含小组组长等）

10. 外资或合资企业领导

11. 大学/专院校教师

12. 大学/专院校领导

13. 中小学、中专教师（含幼儿园）

14. 中小学领导、中专院校领导（含幼儿园）

15. 医生

16. 医院领导

17. 自己创办企业

18. 非营利组织领导（如行业协会等）

19. 法院领导

20. 法院一般工作人员

21. 以上均没有（问 C2）

22. 其他_____

C1a. 与您的关系？（可多选）

1. 本人 2. 配偶　3. 父亲　4. 母亲　5. 兄弟姐妹　6. 子女　7. 岳父母

8. 儿媳或女婿　9. 其他_____

C2. 您或您的家庭成员交际能力（处理人际关系的能力）如何？

_____分

（按 1~5 分打分，分值越高，表明能力越强）

C3. 与您关系紧密的朋友、同学、亲戚有以下哪些任职情况？_____
（可多选，选项参考C1）

C4. 您认为，与您关系比较紧密的亲戚、朋友数量？

1. 1~5 人　2. 6~10 人　3. 11~20 人　4. 20 人以上

C5. 您对陌生人的信任程度？

1. 非常信任　2. 比较信任　3. 一般　4. 不太信任　5. 很不信任

C6. 去年，您家的红白喜事、过节走亲戚朋友等人情支出有多少钱？
_____元

第四部分：物质资本

D1.（调查员观察，自行填写）受访户的房屋类型？

1. 1层砖瓦房　2. 1层混凝土房　3. 1层土木房　4. 1层茅草房　5. 2层及以上楼房　6. 其他_____

D2. 结合周边房屋，请调查员给受访户房屋评分_____（分）

注：评分范围为1~5分，分值越高，表明受访户房屋越好。

D3. 您家的房屋的产权情况？

1. 自有（自建自住）2. 租住的房屋　3. 别人房屋，免费住 4. 其他（请注明）_____

D4. 您家（或访员自己填写）房屋+院子面积？_____（平方米）

D5. 目前，您家（或某位家庭成员）是否从事工商业经营项目（包括租赁、运输、网店、超市、农家乐、酒店、旅馆、餐馆、农产品加工生产、小微企业等）？

1. 是（问 D5a）　2. 否（问 D6）

D5a. 是哪一年开始的？_____年

D6. 您家是否从事过工商业经营项目？

1. 是　2. 否（问 D6a）

D6a. 经营时间段是？请填写从_____年开始至_____年结束

D7. 您家从事工商业经营项目的主要原因是？（可多选）

1. 找不到更好的工作机会　2. 从事工商业能挣得更多　3. 想自己做老板

4. 更灵活、自由　5. 继承或赠予　6. 其他（请注明）_____

D8. 您家工商业经营项目的组织形式是什么？（可多选）

1. 个体户/工商户　2. 没有正规组织形式　3. 合伙企业　4. 独资企业

5. 有限责任公司　6. 股份有限公司　7. 其他

D9. 您家工商业经营项目的主要内容是？（简写，10 字左右）

_____

D10. 目前，您家的创业项目雇佣的员工人数为_____人（不包括家庭成员）

D11. 与创业初期相比，雇佣人数？

1. 增加了_____人　2. 减少了_____人　3. 雇佣人数没变

D12. 与创业初期相比，效益情况？

1. 增加了很多　2. 增加了较多　3. 变化不大　4. 减少了较多　5. 减少了很多

D13. 去年，您家从政府那里获得以下哪些补贴/补助？（可多选）

1. 没有获得

2. 特困户补助金　　　　　　金额_____元

3. 独生子女奖励金　　　　　金额_____元

4. 五保户补助金　　　　　　金额_____元

5. 抚恤金　　　　　　　　　金额_____元

6. 救济金、赈灾款　　　　　金额_____元

7. 食物补贴　　　　　　　　金额_____元

8. 退耕还林　　　　　　　　金额_____元

9. 低保补助　　　　　　　　金额_____元

10. 教育补贴　　　　　　　　金额_____元

11. 住房补助　　　　　　　　金额_____元

12. 其他补助（请注明）_____金额_____元

D14. 目前您家的土地共有_____亩，其中：

1. 自有耕地面积	
2. 自有林地面积	
3. 自有牧草地面积	
4. 自有养殖水面面积	
5. 自有荒山/荒坡面积	
6. 租入（转入）他人的土地面积	
7. 出租（转出）给他人种植的土地面积	
8. 其他（请注明）	

上表中，6、7 两行不为 0 时，追问 D14a~D14c。

D14a. 租入（转入）上述土地的主要原因有？（可多选）

1. 预期会增加家庭收入

2. 农业生产经营需要

3. 工商业生产经营需要

4. 受别人租入的影响

5. 其他（请简要注明）

D14b. 出租（转出）土地的主要原因有？（可多选）

1. 预期会增加家庭收入

2. 农业生产经营需要

3. 因从事工商业经营，缺少人手进行农业生产

4. 因工商业生产经营资金短缺，想要通过出租土地获得资金

5. 受别人出租的影响

6. 退耕还林

7. 外出打工

8. 其他（请简注）

D14c. 您家土地流转是否受到邻居、亲朋好友家土地流转的影响？

1. 是　2. 否　3. 不好说

D15. 您家去年总收入大概是多少？（包括生产经营所得、打工、补贴等所有货币收入）_____（万元）（若受访者不愿回答，则询问 D6a）

D15a. 大概在哪个范围？

1. 2 万元及以下　2. 2 万~4 万元　3. 4 万~6 万元　4. 6 万~8 万元

5. 8 万~10 万元　6. 10 万~15 万元　7. 15 万~20 万元　8. 20 万~30 万元　9. 30 万~50 万元　10. 50 万元以上

继续追问，细分如下：

单位：元

其中，工资性收入
其中，政府补贴收入 （包括当年度低保金、养老金、粮食补贴、退耕还林补贴等）
其中，家庭非农业经营收入（小卖部、小生意、加工厂等）

D16. 挣得最多的家庭成员收入占家庭总收入的比例？_____%

注：不好区分收入时，询问家中最主要劳动力对家庭的作用_____

（打 1~5 分，分值越高，说明越重要）

D17. 挣得最多的家庭成员的（或家中最主要的劳动力）年龄_____（周岁）

D18. 挣得最多的家庭成员（或家中最主要的劳动力）的身心健康情况？

1. 非常好　2. 比较好　3. 一般　4. 较差　5. 很差

D19. 收入最高的家庭成员工作的行业？_____

注：不好区分收入时，询问"最主要的劳动力"

1. 制造业　2. 建筑业　3. 采矿业　4. 线上批发零售业　5. 线下批发零售业　6. 交通运输业　7. 仓储和物流业　8. 住宿与餐饮业　9. 信息传输、软件和信息技术业　10. 金融业　11. 房地产业　12. 租赁和商务服务业　13. 科学研究和教育　14. 水利、环境和公共设施管理业　15. 居民服务、修理和其他服务业　16. 旅游业　17. 文化、传媒、体育和娱乐业　18. 公共管理、社会保障　19. 社会工作和社会组织　20. 农林牧渔业　21. 其他（请注明）_____

D20. 您家去年的总支出？_____（万元）

D20a. 具体支出情况：（没有发生，则填写 0）

单位：元

其中，财产性支出（盖房子、购买家用电器、车辆等）	
其中，生活消费支出总额	
其中，食品（米、水果蔬菜等）	
烟酒	
衣着	
通信（手机话费、上网费）	
其中，医疗支出（看病、住院等）	
其中，教育开支（学杂费、上学交通费）	
其中，捐献支出（如捐给寺庙）	
捐献实物	

D21. 目前，您家是否有负债？

1. 是　2. 否

D21a. 您家负债的总额度是多少？_____（万元）

D22. 负债基本情况？（没有，填 0）

负债类型	（若是实物，请折算为货币）
D22a. 因教育负债的额度？	
D22b. 因生产经营活动而负债的额度？	
D22c. 因日常生活（吃穿住行）而负债的额度？	
D22d. 因病支出而负债的额度？	

D23. 款款是从哪里借的？（可多选）

1. 父母/公婆/岳父母　2. 子女　3. 兄弟姐妹　4. 其他亲属　5. 朋友/同事（含邻里）　6. 民间金融组织或职业借贷人（含高利贷）　7. 贷款公司 8. 网络借贷平台　9. 有合作关系的人或机构（含工作单位、村居委会） 10. 其他（请注明）_____

D24. 目前，您家是否有借（贷）款或借款的需求？

1. 是　2. 否　3. 不清楚

D25. 借（贷）款需求额度？_____元

D27. 这些借款的主要用途是？（可多选）

1. 购买住房或建房　2. 生产经营　3. 投资　4. 子女教育　5. 结婚

6. 看病　7. 买车　8. 还债　9. 借款给他人　10. 其他（请注明）_____

D28. 您家去年的收支情况？

1. 收入>支出　2. 收入<支出　3. 收支基本平衡

D29. 您家耐用消费品的拥有情况？

类型	数量/个	总价值/元
彩电		
手机		
电脑		
冰箱		
空调		
洗衣机		
电动自行车		
汽车		

类型	数量/个	总价值/元
摩托车		
农用三轮车		
货车（卡车）		
收割机		
旋耕机		
播种机		
其他：请在下面注明 _____		

第五部分：金融资本

E1. 如果您有一笔钱，您最愿意选择哪种投资项目？

1. 高风险、高回报的项目

2. 略高风险、略高回报的项目

3. 平均风险、平均回报的项目

4. 略低风险、略低回报的项目

5. 不愿意承担任何风险

E2. 假设您现在有 100 块钱，银行的定期年利率是 10%，如果您把这 100 元钱存 1 年定期，1 年后您获得的本金和利息为？

1. 小于 110 元　2. 等于 110 元　3. 大于 110 元　4. 算不出来/不知道

E3. 假设您现在有 100 块钱，银行的年利率是 5%，通货膨胀率每年是 3%，您这 100 元钱存银行一年之后能够买到的东西将？

1. 比一年前多　2. 跟一年前一样多　3. 比一年前少　4. 算不出来/不知道

E4. 您及家庭成员参加的是下列哪种社会养老保险？（可多选）

1. 政府、事业单位退休金

2. 城镇职工基本养老保险（城职保）

3. 新型农村社会养老保险（新农保）

4. 城镇居民社会养老保险（城居保）

5. 城乡统一居民社会养老保险

6. 其他（请注明）_____

7. 都没有

E5. 您及配偶目前拥有以下哪些社会医疗保险？（可多选）

1. 城镇职工基本医疗保险

2. 城镇居民基本医疗保险

3. 新型农村合作医疗保险

4. 城乡居民基本医疗保险

5. 商业医疗保险

6. 企业补充医疗保险

7. 大病医疗统筹

8. 社会互助

10. 其他（请注明）_____

11. 以上都没有

第六部分：自然资本

F1. 最近的县政府（不一定是本县的政府）离村庄/社区有多远？_____千米

F2. 村庄/社区距离最近的重要交通干线（国道、省道、市道）有多远？_____千米

F3. 村庄/社区主要的矿产资源有哪些？（可多选）

1. 没有矿产资源　2. 煤矿　3. 铁矿　4. 石油、天然气　5. 有色金属
6. 稀有金属　7. 金银矿　8. 铜矿　9. 非金属矿产（如金刚石、大理石、石灰岩、黏土等）　10. 水气矿（如地下水、矿泉水等）　11. 其他（请注明）_____

F3a. 目前矿产资源是否已经开发？

1. 全部开发　2. 部分开发　3. 尚未开发　4. 其他（请注明）_____

F4. 村庄/社区主要的生物资源（也可以是后天培育的）有哪些？（可多选）

1. 林（果）木　2. 药材　3. 畜禽　4. 水产动植物　5. 其他（注明）_____

F5. 目前，距离您家 5 千米（10 里）范围内，是否有化工厂、冶炼厂、造纸厂等高污染企业？

1. 有　2. 否

F6. 本村或附近常见的自然灾害有？（可多选）

1. 滑坡，频率_____（次/年）

2. 泥石流，频率_____（次/年）

3. 洪水，频率_____（次/年）

4. 旱灾，频率_____（次/年）

5. 水土流失，频率_____（次/年）

6. 春冻/霜冻，频率_____（次/年）

7. 无自然灾害，频率_____（次/年）

8. 其他_____，频率_____（次/年）

F7. 本村水资源如何？

1. 十分丰富　2. 比较丰富　3. 一般　4. 比较匮乏　5. 十分匮乏

F8. 本村是否处于旅游景区之内？

1. 是　2. 否

第七部分：政策效果

G1. 目前，您家是否有比较稳定的收入来源？

1. 是（转 Z2）　2. 否

G2. 收入主要来自什么渠道？（可多选，最多选 3 个）

1. 打工　2. 农业生产经营（含挖虫草、采摘植物等）　3. 养殖　4. 经商　5. 政府补助　6. 他人（企业）捐赠　7. 财产性收入（如租金、利息、分红等）8. 其他_____

G3. 您认为您家未来 3 年内再次返贫的可能性？_____（打 1~10 分，分值越高，说明返贫的可能性越大；如果受访者不知道或不清楚，请写"×"）

G4. 与建档立卡前相比，您家年均收入大概提高的比例？_____%（填百分数，增长几倍例如 2 倍，填 200%）

G5. 与周围非贫困家庭相比，建档立卡后，您家年均收入增长的速度？

1. 比他们快很多　2. 比他们快一些　3. 跟他们差不多　4. 比他们慢一些　5. 比他们慢很多

G6. 与周围非贫困家庭年均收入相比，目前您家的收入水平如何？

1. 比他们高出很多　2. 比他们高出一些　3. 与他们差不多　4. 比他们低一些　5. 比他们低很多

G7. 自从精准扶贫政策实施以来，您村医疗卫生条件改善情况？_____（打 1~10 分，分值越高，说明改善力度越大）

G8. 自从精准扶贫政策实施以来，您村教育条件（含中小学基础设施改

善、学杂费减免等）情况？_____（打 1~10 分，分值越高，说明改善力度越大）

G9. 自从精准扶贫政策实施以来，您村居住环境改善情况？_____（打 1~10 分，分值越高，说明改善力度越大）

G10. 您觉得政府的精准扶贫政策总体效果如何？_____（打 1~10 分，分值越高，说明扶贫政策效果越好）

G11. 建档立卡之前，您家的收入结构情况如何？

收入来源	占家庭总收入的比重/%
1. 种植业收入	
2. 土地流转租金收入	
3. 养殖业收入	
4. 资产（如房屋、机械等）出租收入	
5. 资产（如房屋、机械等）售卖收入	
6. 经营的工商项目（开商店、摆摊、跑运输等）收入	
7. 外出打工收入	
8. 政府补贴、补助收入	
9. 社会捐款收入	
10. 其他：请在下面注明 _____	

G12. 2018 年，您家收入结构情况如何？

收入来源	占家庭总收入的比重/%
1. 种植业收入	
2. 土地流转租金收入	
3. 养殖业收入	
4. 资产（如房屋、机械等）出租收入	
5. 资产（如房屋、机械等）售卖收入	
6. 经营的工商项目（开商店、摆摊、跑运输等）收入	
7. 外出打工收入	

收入来源	占家庭总收入的比重/%
8. 政府补贴、补助收入	
9. 社会捐款收入	
10. 其他：请在下面注明 ————	

G13. 目前，你家是否做到了不愁吃？

1. 是　2. 否

G14. 目前，你家是否有足够的应季衣物？

1. 是　2. 否

第八部分：非贫困家庭需要继续问的内容

H1. 2015 年之前，大概 5 年之前，您家的收入结构情况如何？

收入来源	占家庭总收入的比重/%
1. 种植业收入	
2. 土地流转租金收入	
3. 养殖业收入	
4. 资产（如房屋、机械等）出租收入	
5. 资产（如房屋、机械等）售卖收入	
6. 经营的工商项目（商店、摆摊、跑运输等）收入	
7. 外出打工收入	
8. 政府补贴、补助收入	
9. 社会捐款收入	
10. 其他：请在下面注明 ————	

H2. 去年，您家的收入结构情况如何？

收入来源	占家庭总收入的比重/%
1. 种植业收入	
2. 土地流转租金收入	
3. 养殖业收入	

收入来源	占家庭总收入的比重/%
4. 资产（如房屋、机械等）出租收入	
5. 资产（如房屋、机械等）售卖收入	
6. 经营的工商项目（开商店、摆摊、跑运输等）收入	
7. 外出打工收入	
8. 政府补贴、补助收入	
9. 社会捐款收入	
10. 其他：请在下面注明_____	

H3. 与 5 年前相比，2018 年，您家的收入大概增长了_____%　（增长几倍，例如 2 倍填 200%）

H4. 2015—2018 年，您家每年收入提高的平均比例为_____%（填百分数，可以为负数）

H5. 5 年之前（2010—2014 年），您家每年收入提高的平均比例为_____%（填百分数，可以为负数）

附录 2 脱贫户可持续生计能力评价指标体系

评价目标	一级指标	二级指标	三级指标	四级指标
可持续生计能力指数	发展能力	人力资本	劳动力规模	劳动人口规模 E_1
			教育水平	受教育程度 E_2
			健康水平	健康状况 E_3
			职业培训	职业培训 E_4
	经济能力	自然资本	有形资本	人均耕地面积 E_5
				矿产资源拥有情况 E_6
				生物资源拥有情况 E_7
			无形资本	离县城距离情况 E_8
				居住环境情况 E_9
		物质资本	私人物品	住房状况 E_{10}
				拥有的耐用品数量 E_{11}
			公共物品	道路交通状况 E_{12}
				医疗卫生状况 E_{13}
				教育状况 E_{14}
		金融资本	资金增量	有偿性 E_{15}
				补贴收入 E_{16}
			理财能力	投资理财知识掌握情况 E_{17}
			获取信用能力	借款情况 E_{18}
	社交能力	社会资本	社会声望	您觉得您在村中的威望 E_{19}
				村委会决策听您的意见 E_{20}
				有直系亲戚当干部 E_{21}
			社会信任	对陌生人的信任程度 E_{22}
				对熟人的信任 E_{23}
			社会网络	帮助自己的朋友亲戚数量 E_{24}
				用于人情世故的支出 E_{25}
			社会参与	参与社区活动频率 E_{26}
				对自己的交际能力评估 E_{27}
				获取收入的工作参与情况 E_{28}

附录3 脱贫户可持续生计能力评价指标的权重

一级指标	一级权重	二级指标	二级权重	三级指标	三级权重	四级指标	四级权重	最终权重
发展能力	0.398 1	人力资本	—	劳动力规模	0.121 7	劳动人口规模 E_1	—	0.021 2
				教育水平	0.318 5	受教育程度 E_2	—	0.101 9
				健康水平	0.326 8	健康状况 E_3	—	0.102 9
				职业培训	0.233 0	职业培训 E_4	—	0.053 1
经济能力	0.521 7	自然资本	0.186 1	有形资本	0.901 2	人均耕地面积 E_5	0.362 9	0.076 3
						矿产资源拥有情况 E_6	0.489 2	0.031 8
						生物资源拥有情况 E_7	0.147 9	0.012 5
				无形资本	0.098 8	离县城距离情况 E_8	0.510 1	0.009 1
						居住环境情况 E_9	0.489 0	0.025 4
		物质资本	0.201 8	私人物品	0.813 5	住房状况 E_{10}	0.557 4	0.022 8
						拥有的耐用品数量 E_{11}	0.442 4	0.015 5
				公共物品	0.186 5	道路交通状况 E_{12}	0.378 1	0.009 7
						医疗卫生状况 E_{13}	0.209 1	0.003 6
						教育状况 E_{14}	0.412 8	0.047 4
		金融资本	0.612 1	资金增量	0.512 3	有偿性收入 E_{15}	0.912 3	0.115 6
						补贴收入 E_{16}	0.087 7	0.071 8
				理财能力	0.312 5	投资理财知识掌握情况 E_{17}	—	0.062 4
				获取信用能力	0.175 2	借款情况 E_{18}	—	0.071 3

一级指标	一级权重	二级指标	二级权重	三级指标	三级权重	四级指标	四级权重	最终权重
社交能力	0.080 2	社会资本	—	社会声望	0.377 5	您觉得您在村中的威望 E_{19}	0.421 5	0.008 2
						村委会决策听您的意见 E_{20}	0.231 5	0.003 1
						有直系亲戚当干部的 E_{21}	0.347 0	0.012 2
				社会信任	0.210 7	对陌生人的信任程度 E_{22}	0.401 8	0.007 5
						对熟人的信任 E_{23}	0.598 2	0.011 6
				社会网络	0.202 4	帮助自己的朋友亲戚数量 E_{24}	0.557 1	0.025 4
						用于人情世故的支出 E_{25}	0.442 9	0.013 5
				社会参与	0.210 4	参与社区活动频率 E_{26}	0.216 1	0.013 2
						对自己的交际能力评估 E_{27}	0.271 6	0.019 2
						获取收入的工作参与情况 E_{28}	0.512 3	0.031 8